Le Théâtre

COLLIN D'HARLEVILLE

LE VIEUX

CÉLIBATAIRE

COMÉDIE EN CINQ ACTES

REPRÉSENTÉE POUR LA PREMIÈRE FOIS A PARIS EN

1792

NOUVELLE ÉDITION

PUBLIÉE

fondateur Collection — 100 Beaux Livres 1 fr

PARIS

Y+ PARTEMENTS, ÉTRANGER,

CHEZ TOUS LES LIBRAIRES

1878

20 c. — THÉATRE — 20 c.

CHEZ TOUS LES LIBRAIRES

JANVIER 1878

Beaumarchais

1 *Barbier Séville, et Musique*
2 *Mariage Figaro, et Musique*
3 *La Mère coupable*

Bruéys

4 *Avocat Patelin et le Grondeur*

Desforges, — Baron

5 *Le Sourd. - Bonnes fortunes*

Le Sage

6 *Turcaret, — Crispin rival*

THÉATRE D'ÉDUCATION
de Florian et de Berquin.

7-8 FLORIAN, HUIT comédies.
9-10 BERQUIN, DIX comédies.

Collin-d'Harleville

11 *Mr de Crac, — l'Inconstant*
12 *L'Optimiste*
13 *Châteaux en Espagne*
14 *Le Vieux Célibataire*
15 *La Famille bretonne*
16 *Vieillard et Jeunes Gens*
17 *Malice pour Malice*

Marivaux

18 { *Les Fausses Confidences*
{ *L'Ecole des Mères*
19 { *Jeu de l'Amour et Hazard*
{ *L'Épreuve nouvelle*
20 *Legs, - Préjugé, - Arlequin*
21 *Surprise, — la Méprise*
22 *2e Surprise, — les Sincères*
23 *L'Inconstance, — Amours*

Pergolése, et Musique

24 *Servante et STABAT MATER*

Rousseau

25 *Devin et onze Romances, piano*

FÉVRIER 1878

Regnard

26 *Le Joueur*
27 *Le Légataire et Critique*
28 *Le Distrait, — Amadis*
29 { *Attendez-moi, — Coquette*
{ *Le Marchand ridicule*
30 { *Retour, — Sérénade*
{ *Bourgeois de Falaise (Bal)*
31 { *Arlequin à bonnes fortunes*
{ *Critique de l'Arlequin*
{ *Les Vendanges*
{ *La Descente aux Enfers*
32 *Carnaval - Orfeo, - Divorce*
33 { *Folies amoureuses,*
{ *Mariage Folie, — Souhaits*
34 *Foire St-Germain et Suite*
35 *Les Ménechmes*

Scarron

36 *Jodelet — Japhet*

Dufresny

37 *Coquette, — Dédit, — Esprit*
38 *Le Mariage — le Veuvage*

Carmontelle

39 à 42 Vingt-cinq **Proverbes**

Gresset

43 *Le Méchant*

Destouches

44 *Le Philosophe marié*
45 *Le Glorieux*
46 { *La Fausse Agnès*
{ *Le Triple Mariage*
47 *Le Curieux, — L'Ingrat*
48 *Le Dissipateur*
49 *Le Médisant, — l'Irrésolu*
50 *Le Tambour nocturne*

COLLIN D'HARLEVILLE

LE VIEUX
CÉLIBATAIRE

COMÉDIE EN CINQ ACTES

REPRÉSENTÉE POUR LA PREMIÈRE FOIS A PARIS EN

1792

NOUVELLE ÉDITION

PUBLIÉE

PARIS

DÉPARTEMENTS, ÉTRANGER,

CHEZ TOUS LES LIBRAIRES

1878

LE VIEUX CÉLIBATAIRE

PERSONNAGES.

M. DUBRIAGE, le vieux célibataire.
MADAME ÉVRARD, sa gouver-
nante.
ARMAND, neveu de M. DUBRIAGE,
sous le nom de Charle.
LAURE, femme d'Armand.

AMBROISE, intendant de M. Du-
briage.
GEORGE, filleul et portier de
M. DUBRIAGE.
JULIEN et SUSON, enfants de
George.
CINQ COUSINS de M. Dubriage.

(La scène représente, pendant la pièce, un salon, chez M. Dubriage.)

ACTE PREMIER

SCÈNE I — CHARLE, seul.

Je viens de l'éveiller ; il va bientôt paraître.
Allons.... il m'est si doux de servir un tel maître !....
Rangeons tout comme hier, il faut placer ici
Sa table, son fauteuil, son livre favori.
Il aime l'ordre en tout ; et, certain de lui plaire,
Je me fais de ces riens une importante affaire.

SCÈNE II — CHARLE, GEORGE.

GEORGE.

Ah ! l'on peut donc enfin vous saisir un moment,
Monsieur Armand.

CHARLE.

Toujours tu me nommes Armand,
Et tu me trahiras.

GEORGE.

Pardon, je vous supplie.

CHARLE.

Charle est mon nom.

GEORGE.

Eh ! oui, je le sais, mais j'oublie.
Je m'en ressouviendrai, ne soyez pas fâché.
Pendant que tout le monde est encore couché,
Causons : dites-moi donc bien vite où vous en êtes,
Ce que vous devenez, les progrès que vous faites :
Votre sort en dépend ; j'y suis intéressé.

CHARLE.

Eh mais ; je ne suis pas encor très-avancé.
Il faut qu'avec prudence ici je me conduise...
Puis, j'attends qu'en ces lieux ma femme s'introduise,
Pour agir de concert.

GEORGE.

Oui, vous avez raison ;
Mais vous voilà du moins entré dans la maison.

CHARLE.

Ah ! comment ! à quel titre, et combien il m'en coûte !
Moi, domestique ici !   GEORGE.

C'est un malheur. sans doute :
Mais pour servir son oncle, est-on déshonoré ?
Je le répète encor, c'est beaucoup d'être entré ;
Et j'eus, lorsque j'y songe, une idée excellente :
Ce fut de vous offrir à notre gouvernante
Comment un parent.   CHARLE.

Jamais pourrai-je m'acquitter ?...

GEORGE.

Allons !... ce que j'en dis n'est pas vous me vanter...
Je ne me prévaux point, mais je vous félicite,
C'est moi qui bien plutôt ne serai jamais quitte.
Votre bon père, hélas ! dont j'étais serviteur,
A pendant dix-huit ans été mon bienfaiteur.
Oui, cher Armand... pardon... mais je vous ai vu naître;
J'ai vu mourir aussi ma maîtresse et mon maître :
Jugez si George doit aimer, servir leur fils !

CHARLE.

Pourquoi le ciel sitôt me les a-t-il ravis ?
Ah ! pour m'être engagé par pure étourderie...

GEORGE.

Eh ! monsieur, laissez là le passé, je vous prie :

Oui, voyez le présent, et surtout l'avenir.
N'est-il pas fort heureux, il faut en convenir,
Que je sois le filleul de monsieur Dubriage;
Qu'après deux ou trois mois tout au plus de veuvage,
La gouvernante m'ait, j'ignore encor pourquoi,
Fait venir tout exprès pour être portier, moi,
De sorte que je puisse ici vous être utile ;
Et que, depuis trois mois, venu dans cette ville,
Vous me l'ayez fait dire, au lieu de vous montrer ;
Que j'aie imaginé, moi, de vous faire entrer,
Et que madame Evrard, si subtile et si fine,
Vous ait reçu dabord sur votre bonne mine ?

CHARLE.

Il est vrai...   GEORGE.

          C'est votre air de décence, et surtout
De jeunesse... que sais-je ?... Oui, la dame a du goût.

CHARLE.

Souvent, et j'apprécie une faveur pareille,
On dirait qu'elle veut me parler à l'oreille.

GEORGE.

Ne voudrait-elle pas vous faire par hasard
Un tendre aveu ?... Mais non, j'ai tort ; madame Évrard !
Elle est d'une sagesse, oh mais ! à toute épreuve.
Cet Ambroise, entre nous, qui, depuis qu'elle est veuve,
Remplace le défunt dans l'emploi d'intendant,
L'aime fort, et voudrait l'épouser : cependant
Avec lui, je le vois, elle est d'une réserve !...

CHARLE.

Je l'observe en effet.

GEORGE.

          A propos, moi j'observe
Qu'Ambroise vous hait fort,

CHARLE.

          Rien n'est moins surprenant;
Avec mon oncle même il est impertinent :
Puis il craint, entre nous, que je ne le supplante.

GEORGE.

Écoutez donc, monsieur ! sa place est excellente ;
Et vraiment mon parrain vous aime tout à fait,

Sans vous connaître encor.

CHARLE.

Je le crois en effet,
George, et c'est un grand point : oui, ce seul avantage
Me flatte beaucoup plus que tout son héritage.
Pourvu que je lui plaise, il m'importe fort peu
Que ce soit le valet, que ce soit le neveu :
Si je ne touche un oncle, au moins j'égaie un maître

GEORGE.

A de tels sentiments j'aime à vous reconnaître.

CHARLE.

Au fait, depuis trois mois que j'habite en ces lieux,
D'abord, sous un faux nom, j'ai trouvé grâce aux yeux
D'un oncle qui me hait sous mon nom véritable.
Ajoute que j'ai su rendre douce et traitable
Madame Évrard, qui, grâce à mon déguisement,
Semble sourire à Charle, en détestant Armand.
Voilà trois mois fort bien employés.

GEORGE.

Oui, courage ;
Madame votre épouse achèvera l'ouvrage.

SCÈNE III — CHARLE, GEORGE, LE PETIT JULIEN.

GEORGE.

Eh! que veux-tu, Julien?

JULIEN, regardant autour de lui.

Moi, papa?

GEORGE.

Qu'as-tu là?

JULIEN, lui remettant une lettre.

C'est mon cousin Pascal qui m'a remis cela,
Sans me rien dire, et puis d'une vitesse extrême,
Crac, il s'est en allé ; moi, je m'en vais de même...
Car si monsieur Ambroise arrivait... ah! bon Dieu!
Au revoir, monsieur Charle.

CHARLE, affectueusement.

Oui, Julien... Sans adieu.

(Julien sort.)

SCÈNE IV — CHARLE, GEORGE.

CHARLE.

Il est gentil... Eh bien ! qu'elle est donc cette lettre ?

GEORGE.

(Ouvrant la lettre.)

Je me doute que c'est... Vous voulez bien permettre?..

CHARLE.

Eh ! lis.   GEORGE.

C'est le billet que j'attendais.

CHARLE.   Lequel ?

GEORGE.

Oui, le certificat de ce maître d'hôtel,
Du vieux ami d'Ambroise.

CHARLE.

Ah ! de monsieur Lagrange.

Eh bien ?   GEORGE.

Eh bien ! monsieur, grâce au ciel tout s'arrange,
Comme vous allez voir.   (Il donne la lettre à Charle.)

CHARLE, lisant.

« Mon cher Ambroise... Eh quoi ?

GEORGE,

La lettre est pour Ambroise, et vous verrez pourquoi.

CHARLE, continuant de lire.

« J'ai su que vous cherchiez une jeune servante,
« Qui tînt lieu de second à votre gouvernante.
« J'ai trouvé votre affaire, un excellent sujet ;
« C'est celle qui vous doit remettre ce billet :
« Vous en serez content ; elle est bien née, et sage,
« Et docile ; peut-être à son apprentissage...
« Mais sous madame Evrard elle se formera ;
« Je vous la garantis, mon cher...» et cætera.

GEORGE.

Sous l'habit de servante, il fait entrer la nièce.

CHARLE.

Voilà, mon ami George, une excellente pièce.

GEORGE.

Vous pensez bien qu'avec un pareil passeport,
Madame votre épouse est admise d'abord.

CHARLE.

Oui, j'ose l'espérer. Tu me combles de joie.
Pour l'aimer, il suffit que mon oncle la voie,
Qu'il l'entende un moment. Tu ne la connais pas.

GEORGE.

Si fait.

CHARLE.

Eh oui ! tu sais qu'elle a quelques appas ;
Mais tu ne connais point cet esprit, cette grâce
Qui m'ont d'abord touché. Je la vis en Alsace,
A Colmar. J'y servais ; car je n'ai jamais pu
Achever un récit souvent interrompu.
J'avais eu le bonheur d'être utile à son père :
Cela seul me rendit agréable à la mère.
Sans savoir qui j'étais, on m'estimait déjà ;
Je me nommai ; le père alors me dégagea,
Me fit son gendre. Eh bien ! j'ai toujours chez ma femme
Trouvé même douceur et même bonté d'âme.
Je regrettais mon oncle : elle me suit d'abord ;
Ici, comme à Colmar, elle bénit son sort.
Que lui faut-il de plus ? elle travaille et m'aime.
Si mon oncle la voit, il l'aimera lui-même ;
J'oserais en répondre. Encor quelques instants,
Et nos maux sont finis : je me tais et j'attends.

GEORGE.

Je fais la même chose aussi, je dissimule.
Dans le commencement je m'en faisais scrupule ;
Mais, en fermant les yeux, je vous ai mieux servi.
J'ai donc feint d'ignorer que chacun à l'envi,
Dans la maison, volait, pillait à sa manière :
Sans parler des envois de notre cuisinière,
Qui ne fait que glaner ; madame Evrard tout bas
Moissonne, et chaque jour amasse argent, contrats.
Ambroise est possesseur d'une maison fort grande,
Achetée aux dépens de qui ? je le demande :
Chaque jour il y met un nouveau meuble ; aussi
Je vois que chaque jour il en manque un ici ;
De façon que bientôt, si cela continue,
L'une sera garnie et l'autre toute nue.

CHARLE.

Je leur pardonnerais tout cela de bon cœur,
S'il avaient de mon oncle au moins fait le bonheur:
Mais ce qui me désole est de voir que les traîtres
Le volent, et chez lui font encore les maîtres.
Pauvre oncle! il sent son mal; et je vois à regret
Que, s'il n'ose se plaindre, il gémit en secret.

SÈCNE V — CHARLE, GEORGE, MADAME
ÉVRARD.

GEORGE, bas à Charle.

Voici madame Evrard: oh! comme, à votre vue,
Elle se radoucit!   CHARLE.

(Bas, à George.) (A madame Évrard.)

Paix donc!... Je vous salue,

Madame.

GEORGE, avec force révérences.

J'ai l'honneur...

MADAME ÉVRARD, à Charle.

Ah! bonjour, mon ami,

(A Georges.)

Que fais-tu là?   GEORGE.

Pendant qu'on était endormi.

Nous causions.

MADAME ÉVRARD.

Vas causer en bas.

GEORGE.

C'est moi qu'on blâme,

Et c'est lui qui toujours me parle de madame.

MADAME ÉVRARD.

De moi? que disait-il?

GEORGE.

Que vous embellissiez,

Qu'il semblait chaque jour que vous rajeunissiez.

MADAME ÉVRARD.

Oui? Charle dit toujours des choses délicates;
Mais il est trop galant, ou c'est toi qui me flattes;
Descends, et garde bien ta porte.

GEORGE.   Oh! Dieu merci,

L'on sait un peu...

MADAME ÉVRARD.

Ne laisse entrer personne ici

Sans m'avertir.　GEORGE.

Non, non.

MADAME ÉVRARD.

Surtout pas une lettre,

Qu'à moi seule d'abord tu ne viennes remettre.

GEORGE.

Oh non ! je ne crois pas qu'on écrive à présent.

MADAME ÉVRARD.

Il n'importe. Va donc.　(Georges sort.)

SCÈNE VI — MADAME ÉVRARD, CHARLE.

MADAME ÉVRARD, à part, pendant que Charle range
dans la chambre.

George est un bon enfant :

Mais sur de telles gens quel fonds pourrait-on faire ?

Pour Ambroise, sa marche à la mienne est contraire ;

Et c'est le dernier homme à qui je me fierais...

Si j'intéressais Charle à mes desseins secrets ?

Il me plaît ; monsieur l'aime ; il a de la prudence,

De l'esprit : mettons-le dans notre confidence...

(Haut.) Comment vous trouvez-vous ici ?

CHARLE,

Fort bien, ma foi,

Et je serais tenté de me croire chez moi.

MADAME ÉVRARD.

Allez, soyez toujours honnête et raisonnable :

Cette maison pour vous sera très-agréable ;

Monsieur semble déjà vous voir d'assez bon œil.

CHARLE.

C'est à vous que je dois ce favorable accueil.

MADAME ÉVRARD.

Je possède, il est vrai, toute sa confiance.

CHARLE.

C'est le fruit du talent et de l'expérience,

Madame.　MADAME ÉVRARD.

Ce fruit-là, je l'ai bien acheté :

Hélas ! si vous saviez ce qu'il m'en a coûté,
Depuis dix ans entiers que j'habite ici !
(Se recueillant un moment, et regardant autour d'elle.) Charle,
Il faut à cœur ouvert enfin que je vous parle ;
Car vous m'intéressez : vous êtes doux, prudent,
Discret ; et, comme on a besoin d'un confident
Qui vous ouvre son cœur, et lise au fond du vôtre,
Et que vous n'êtes point un laquais comme un autre...

CHARLE.

Non : j'espère qu'un jour vous le reconnaîtrez.

MADAME ÉVRARD.

Ecoutez donc, mon cher ; et bientôt vous verrez
Tout ce qu'il m'a fallu de courage et d'adresse
Pour être en ce logis souveraine maîtresse.
Nous avons fait tous deux jouer plus de ressort,
Mon pauvre Evrard et moi !...(car il vivait alors ;
Depuis bientôt deux ans, cher monsieur je suis veuve,
        (Essuyant ses yeux.)
Et c'est avoir passé par une rude épreuve !...)
Nous avons de concert banni tous les voisins,
Les amis, les parents, jusqu'aux derniers cousins.

CHARLE.

A la fin, vous voici maîtresse de la place.

MADAME ÉVRARD.

Reste encore un neveu, mais un neveu tenace...

CHARLE.

Monsieur, comme je vois, n'a point d'enfants ?

MADAME ÉVRARD.   Aucun.

CHARLE.

Il a donc des neveux, madame ?

MADAME ÉVRARD.

                        Il n'en a qu'un ;
Mais ce neveu tout seul me donne plus de peine !...
C'est que je vois de loin où tout ceci nous mène.
S'il rentre, c'est à moi de sortir.

CHARLE.

                        En effet.

MADAME ÉVRARD.

Aussi, pour l'écarter, Dieu sait ce que j'ai fait !

Mon intrigue et mes soins remontent jusqu'au père.
Monsieur n'eut qu'un beau-frère : il l'aimait !...

CHARLE.

Comme un frère.

MADAME ÉVRARD.

Les brouiller tout à fait eût été trop hardi ;
Mais pour le frère au moins, je l'ai bien refroidi.

CHARLE.

J'entends.   MADAME ÉVRARD.

Contre un absent on a tant d'avantage !
Le sort à celui-ci ravit son héritage.
Je traitai ses revers d'inconduite : on me crut.

CHARLE.

Ah ! fort bien.

MADAME ÉVRARD.

Jeune encor, grâce au ciel, il mourut.

CHARLE, à part.

Hélas !   MADAME ÉVRARD.

Qu'avez-vous !

CHARLE.

Rien.

MADAME ÉVRARD,

Laissant un fils unique,
Ce neveu que je crains...

CHARLE.

Que vous ?... Terreur panique !
C'est à lui de vous craindre.

MADAME ÉVRARD.

Oui, peut-être aujourd'hui :
Mais l'oncle alors, sans moi, l'eût rapproché de lui.
« Son entretien sera moins coûteux en province.
« Lui dis-je, chargez-m'en. » L'entretien fut très-mince,
Comme vous pouvez croire. Il se découragea ;
Il jeta les hauts cris, enfin il s'engagea.
C'est où je l'attendais. Je sus avec finesse
Exagérer ce tort, ce vrai tour de jeunesse ;
Et monsieur l'excusait encore.

CHARLE.

Il est si bon !

MADAME ÉVRARD.

Mon jeune homme écrivit pour demander pardon ;
Je supprimai la lettre et vingt autres messages...
J'en ai mon coffre plein.

CHARLES

       Précautions fort sages!

MADAME ÉVRARD.

J'en ai lu deux ou trois, mais exprès, entre nous,
Avec un commentaire.

CHARLE.

       Oh ! je m'en fie à vous.

MADAME ÉVRARD.

Il se perdit lui-même.

CHARLE.

       Et comment, je vous prie ?

MADAME ÉVRARD.

Par inclination enfin il se marie,
L'an dernier, à l'insu de son oncle.

CHARLE.   A l'insu !

Il n'avait point écrit ?

MADAME ÉVRARD.

       Monsieur n'en a rien vu.

Moi j'ai peint tout cela d'une couleur affreuse,
Et la femme, entre nous, comme une malheureuse,
Sans état, sans aveu. L'oncle enfin éclata,
Et l'indignation à son comble monta ;
De malédiction il chargea le jeune homme,
Et même il ne veut plus désormais qu'on le nomme.

CHARLE, se contenant à peine.

Tout cela me paraît on ne peut mieux conduit.
Ainsi de vos travaux vous recueillez le fruit ?

MADAME ÉVRARD, regardant encore si personne n'écoute.

Pas tout à fait : je vais vous confier encore
Un secret délicat, qu'Ambroise même ignore.
Le dessein est hardi : j'ose me proposer,
Pour tenir mieux mon maître...

CHARLE.

       Eh bien ?

MADAME ÉVRARD.   De l'épouser.

CHARLE.

D'épouser !... En effet, j'admire la hardiesse...

MADAME ÉVRARD.

Jusque-là je craindrai le neveu, quelque nièce...

CHARLE.

J'entends. Vous avez donc un peu d'espoir ?

MADAME ÉVRARD.   Un peu.

Depuis un an je cache adroitement mon jeu.
D'abord, parler d'hymen à qui ne voit personne,
C'est assez me nommer.

CHARLE.

La conséquence est bonne.

MADAME ÉVRARD.

Je lui fais de l'hymen des portraits enchanteurs,
Je lis, comme au hasard, des endroits séducteurs ;
Là, je fais une pause, afin qu'il les savoure.

CHARLE.

A merveille !   MADAME ÉVRARD.

D'enfants à dessein je l'entoure.

J'ai fait venir exprès son filleul, le portier.
Pour lui cette maison étant le monde entier,
De ces joyeux époux les touchantes tendresses,
Les jeux de leurs enfants, leurs naïves caresses,
Tout cela, par degrés, l'attache, l'attendrit,
Pénètre dans son cœur, ébranle son esprit :
Et, quand il est tout seul, ces images chéries
Lui doivent inspirer de tendres rêveries.
J'en suis là, mon ami.

CHARLE.

Mais c'est déjà beaucoup.

MADAME ÉVRARD.

Ce n'est pas tout, il faut frapper le dernier coup.
Charle, seul avec vous, quand monsieur s'ouvre, cause,
S'il soupire et paraît regretter quelque chose,
Alors insinuez qu'il est bien isolé,
Que par une compagne il serait consolé :
Peignez-moi, j'y cousens, sous des couleurs riantes ;
Dites que j'ai des traits, des façons attrayantes,
Du maintien, de l'esprit, des talents variés,

Que je suis fraîche encore... enfin vous me voyez.
Dites, si vous voulez, que j'ai l'air d'une dame ;
Qu'en entrant, de monsieur vous me crûtes la femme...

CHARLE.

Volontiers.

MADAME ÉVRARD.

En un mot, vous avez de l'esprit,
Et je compte sur vous.

CHARLE.

Oui, madame, il suffit.

MADAME ÉVRARD.

Vous m'entendez donc bien ?

CHARLE.

Rassurez-vous, de grâce
Je dirai... ce qu'enfin vous diriez à ma place.

MADAME ÉVRARD.

Je ne suis point ingrate, au reste ; et soyez sûr
Qu'un salaire...

CHARLE.

Croyez qu'un motif bien plus pur...

MADAME ÉVRARD.

Paix... j'aperçois monsieur.

SCÈNE VII — M. DUBRIAGE, MADAME ÉVRARD, CHARLE.

M. DUBRIAGE.

C'est vous ? onjour, madame!

MADAME ÉVRARD, très-tendrement.

Monsieur, je vous salue, et de toute mon âme.

CHARLE.

Votre humble serviteur.

M. DUBRIAGE.

Vous voilà, mon ami?

MADAME ÉVRARD.

Vous paraissez rêveur... Auriez-vous mal dormi?

M. DUBRIAGE.

Moi ? très-bien.

MADAME ÉVRARD.

Je ne sais... mais je suis clairvoyante;
Et vous aviez hier la mine plus riante.

M. DUBRIAGE.

Croyez-vous ? Cependant j'ai toujours ri fort peu.

MADAME ÉVRARD.

Je m'en vais parier que c'est votre neveu
Qui cause en ce moment votre sombre tristesse;
Avouez-le.　　　　M. DUBRIAGE.

　　　　Il est vrai qu'il m'occupe sans cesse:
Et même cette nuit, mes amis, j'y songeais.

MADAME ÉVRARD.

Il vous aura donné quelques nouveaux sujets !...

M. DUBRIAGE.

Non.　　　MADAME ÉVRARD.

　　Pourquoi, dans ce cas, y songez-vous encore?
Depuis plus de huit ans, l'ingrat vous déshonore.
Oubliez-le, monsieur, sachez vous égayer.

M. DUBRIAGE.

Ah ! je puis le haïr, mais jamais l'oublier.

MADAME ÉVRARD.

Laissez, encore un coup, ces plaintes éternelles.
Ne voyez plus que nous, vos serviteurs fidèles:
Ambroise, Charle et moi, dévoués et soumis,
Vous tiendrons lieu tous trois de parents eu d'amis.

(Prenant la main de M. Dubriage.)

Mais de tous mes emplois il faut que je m'acquitte:
C'est pour songer encore à vous que je vous quitte.

M. DURIAGE.

Fort bien.　　MADAME ÉVRARD.

　　Charle vous reste: il saura converser.

CHARLE.

Heureux, si je pouvais jamais vous remplacer !

MADAME ÉVRARD, bas à Charles.

Songez à notre plan.

CHARLE, bas à madame Évrard.

　　Oui, j'y songe, madame.

(Madame Évrard sort.)

SCÈNE VIII — M. DUBRIAGE, CHARLE.

E. DUBRIAGE.

Cette madame Évrard est une digne femme ;
Elle a bien soin de moi.

CHARLE.
Monsieur... certainement...
Mais qui n'aurait pour vous le même empressement?

M. DUBRIAGE.
Oh! je ne suis pas moins content de ton service,
Charle.   CHARLE.
Monsieur, je suis peut-être un peu novice?

M. DUBRIAGE.
Non.   CHARLE.
Le désir de plaire est si propre à former!
Et l'on sert toujours bien ceux que l'on sait aimer.

M. DUBRIAGE.
Chaque mot que tu dis, me touche, m'intéresse.

CHARLE.
Puissé-je quelque jour gagner votre tendresse!

M. DUBRIAGE.
Elle t'est bien acquise; oui... je ne sais pourquoi,
J'ai vraiment du plaisir à causer avec toi:
Ce n'est qu'avec toi seul que je suis à mon aise.

CHARLE.
Heureux qu'en moi, monsieur, quelque chose vous
M. DUBRIAGE.   [plaise!
Mon cœur est plein; il a besoin de s'épancher.
Autour de moi j'ai beau jeter les yeux, chercher;
Je n'ai pas un ami dans toute la nature,
Pour verser dans son sein les peines que j'endure.

CHARLE.
Les peines!... quoi, monsieur, vous en auriez?

M. DUBRIAGE.   Hélas!
Je te parais heureux, et je ne le suis pas.

CHARLE.
Cependant...   M. DUBRIAGE.
Tu le vois, je suis seul sur la terre.
Triste...   CHARLE.
Seul, dites-vous?

M. DUBRIAGE.
Oui, je suis solitaire.
Ah! pourquoi, jeune encore, au moins dans l'âge mûr,
Ne faisais-je pas choix d'une femme!

CHARLE.   Il est sûr
Que, pour se préparer une heureuse vieillesse,
Il faut à ces doux nœuds consacrer sa jeunesse.

M. DUBRIAGE.

Je le vois à présent. Je voudrais... vœux tardifs !

CHARLE, à part.

(Haut.)
Hélas !... Vous eûtes donc, monsieur, quelques motifs,
Pour vous soustraire au joug de l'hymen ?

M. DUBRIAGE.

Oui, sans doute.
J'en eus, que je croyais très-solides. Ecoute :
J'avais dans mon commerce un jeune associé :
Par inclination il s'était marié :
Sa femme fit dix ans le tourment de sa vie.
Ce tableau, vu de près, me donnait peu d'envie
D'en faire autant.   CHARLE.
Sans doute, il pouvait faire peur.

M. DUBRIAGE.

Quand j'aurais eu l'espoir de faire un choix meilleur,
Sous les yeux d'un ami, cette union heureuse
Aurait rendu la sienne encore plus affreuse.
Il mourut. D'un commerce entre nous partagé,
Chargé seul, à l'hymen dès lors j'ai peu songé :
Je quittai le commerce.

CHARLE.

Enfin vous étiez maître,
Libre...   M. DUBRIAGE.
En me mariant, j'aurais cessé de l'être.
L'hymen est un lien.

CHARLE.

Soit. Convenez aussi
Qu'il est doux quelquefois d'être liés ainsi :
Monsieur !... pour se soustraire à cette servitude,
Souvent on en rencontre encore une plus rude.

M. DUBRIAGE.

Puis, sur un autre point j'eus l'esprit combattu.
Les femmes (sans parler ici de leur vertu,
J'aime à croire qu'à tort souvent on les décrie) ;

Mais conviens qu'elles sont d'une coquetterie,
D'un luxe !... Telle femme est charmante, entre nous,
Dont on serait fâché de devenir l'époux ;
Tel mari semble heureux, qui dans le fond de l'âme
Gémit...

CHARLE.

Mais, en revanche, il est plus d'une femme,
Modeste en ses désirs et simple dans ses goûts,
Qui met tout son bonheur à plaire à son époux.

M. DUBRIAGE.

Soit. En est-il beaucoup ?

CHARLE.

Plus qu'on ne croit peut-être :
Moi qui vous parle, j'ai le bonheur d'en connaître.

M. DUBRIAGE.

Du ménage, mon cher, j'ai craint les embarras,
Les tracas, les soucis...

CHARLE.

Mais où n'en a-t-on pas ?
Une famille au moins qui vous plaît, qui vous aime,
Vous fait presque chérir cet embaras-là même :
Au lieu qu'un alentour mercenaire, étranger,
Vous embarrasse aussi sans vous dédommager ;
On a l'ennui de plus.

M. DUBRIAGE.

Voilà ce que j'éprouve ;
Et c'est précisément l'état où je me trouve :
Et, tiens, mes gens me sont fort attachés, je crois ;
Mais je les vois tous prendre un ascendant sur moi...

CHARLE.

En effet...

M. DUBRIAGE.

Jusqu'au vif, vois-tu, cela me blesse ;
Et parfois je voudrais, honteux de ma faiblesse,
Secouer un tel joug. A cet Ambroise j'ai,
Oui, j'ai cinq ou six fois déjà donné congé :
Je le reprends toujours ; car, s'il a l'humeur vive,
Il est brave homme, au fond. Parfois même il m'arrive
D'avoir des démêlés avec madame Évrard,
De lui faire sentir enfin que tôt ou tard
Elle pourrait... Mais quoi, j'ai si peu de courage !

Elle baisse d'un ton, laisse passer l'orage,
Et bientôt me gouverne encor plus sûrement.

CHARLE.

Je sens cela.

M. DUBRIAGE.

Mets-toi dans ma place un moment.
Un garçon, un vieillard isolé dans le monde...
Car tu ne conçois pas ma retraite profonde :
Je n'avais qu'un neveu qui m'eût pu consoler
Dans mes maux... et c'est lui qui vient les redoubler.

CHARLE.

Ce neveu... pardonnez... il est donc bien coupable ?

M. DUBRIAGE.

Lui, coupable ? il n'est rien dont il ne soit capable.
Si tu savais !... Mais non, laissons ce malheureux.

CHARLE.

Ah ! s'il vous a déplu, son sort doit être affreux.

M. DUBRIAGE.

Il rit de mes chagrins.

CHARLE.

Il rirait de vos peines ?
Il se ferait un jeu de prolonger les siennes ?
Ce jeune homme à ce point n'est pas dénaturé :
J'en puis juger par moi, dont le cœur est navré...

M. DUBRIAGE.

C'est que vous êtes bon, vous, délicat, sensible ;
Mais Armand n'a point d'âme.

CHARLE.

O ciel ! est-il possible ?
Quoi ?... Cet Armand, monsieur, le connaissez-vous bien ?

M. DUBRIAGE.

Trop, par ses actions. D'abord, comme un vaurien,
Il s'engage.

CHARLE.

Il eut tort ; mais ce n'est pas un crime
Qui le doive à jamais priver de votre estime.

M. DUBRIAGE.

Et dans sa garnison comment s'est-il conduit ?

CHARLE.

En êtes-vous certain ?

M. DUBRIAGE.

Je suis trop bien instruit :

t ses lettres !   CHARLE.

Eh bien ?

M. DUBRIAGE.

Etaient d'une insolence...

il m'écrivait un jour, j'en frémis quand j'y pense,
Qu'il viendrait, qu'il mettrait le feu dans ma maison...

CHARLE.

Ah ! mon dieu ! quelle horreur et quelle trahison !

M. DUBRIAGE.

Toi-même es indigné...

CHARLE faisant un effort pour se contenir.

Voulez-vous bien permettre,
Monsieur ? Avez-vous lu vous-même cette lettre ?

M. DUBRIAGE.

Non. C'est madame Évrard : encore par pitié,
Elle me faisait grâce au moins de la moitié.
Puis, sans parler du reste, un mariage infâme...

CHARLE.

(Se reprenant et à part.)

Infâme, dites-vous ? Laissons venir ma femme.

(Haut.)

Ah ! si l'on vous trompait !...

M. DUBRIAGE.

Et qui donc ?

CHARLE.

Je ne sais...

Mais quoi ! je ne puis croire à de pareils excès :
Non, Armand...

M. DUBRIAGE.

Paix. Jamais ne m'en ouvrez la bouche,

(Se radoucissant.)

Entendez-vous ? Au fond, ton zèle ardent me touche,
Mon ami, je l'avoue ; il annonce un bon cœur,
On ne saurait plaider avec plus de chaleur.

CHARLE.

Je parle pour vous-même : oui, bon comme vous êtes,
Cette colère ajoute à vos peines secrètes.

M. DUBRIAGE.

Bon Charle !
                    CHARLE.
          Permettez que je sorte un moment;
Pour une affaire.

                    M. DUBRIAGE.
          Oui, sors ; mais reviens promptement.
                    (M. Dubriage rentre chez lui.)

SCÈNE IX — CHARLE, seul.

Allons chercher ma femme : il est temps, l'heure presse;
Et plus tôt que plus tard il faut qu'elle paraisse.
                              (Il sort.)

ACTE DEUXIÈME

SCÈNE I — M. DUBRIAGE, seul, un livre à la main.

Que ce mot est bien dit ! Consolant écrivain,
D'adoucir mes ennuis tu t'efforces en vain.
« On commence à jouir, dis-tu, dès qu'on espère. »
Je jouirais aussi déjà, si j'étais père ;
Mais pour un vieux garçon il n'est point d'avenir.
     (Fermant le livre.)
Rien ne m'amuse plus. Il faut en convenir,
Je ne me suis jamais amusé de ma vie ;
Mais aujourd'hui, surtout, je sens que je m'ennuie;
C'est qu'il est des moments où je me trouve seul,
Et porterais, je crois, envie à mon filleul.
Cette réflexion est un peu trop tardive :
Dans l'état où je suis, il faut bien que je vive...
Ils m'abandonnent tous... je ne sais ce qu'il font.
(Appelant.)
Madame Evrard !... Ambroise! Aucun d'eux ne répond.
Pour Charle, il est sorti sûrement pour affaire :
     (Il s'assied.)
Je ne saurais me plaindre, il ne me quitte guères.

SCÈNE II — M. DUBRIAGE, GEORGE.

GEORGE, de loin, à part.

Ils sont sortis, entrons.

M. DUBRIAGE, se croyant seul encore.

Oui, j'ai moins de chagrin
Quand Charle est avec moi ; nous causons.

GEORGE, toujours de loin et à part.

Bon parrain !
Il parle, et n'a personne, hélas ! qui lui réponde :
Approchons.   M. DUBRIAGE.

C'est toi, George ? Où donc est tout le monde ?

GEORGE.

Tout le monde est dehors.

M. DUBRIAGE.

Madame Évrard aussi ?

GEORGE.

Elle aussi : chacun a ses affaires, ici.
Et moi de leur absence, entre nous, je profite,
Pour vous faire, monsieur, ma petite visite :
Je ne vous ai point vu depuis hier au soir.

M. DUBRIAGE.

Moi j'ai, de mon côté, grand plaisir à te voir.

GEORGE.

Vous êtes tout pensif.

M. DUBRIAGE.

C'est cette solitude.

GEORGE.

Vous devez en avoir contracté l'habitude.

M. DUBRIAGE.

On a peine à s'y faire... et le temps aujourd'hui
Est sombre : tout cela me donne un peu d'ennui.

GEORGE.

Vous êtes malheureux ; jamais je ne m'ennuie :
Qu'il fasse froid ou chaud, du soleil, de la pluie,
Tout cela m'est égal ; je suis toujours content.

M. DUBRIAGE.

Je le vois.   GEORGE.

Je bénis mon sort à chaque instant.

Car, si je suis joyeux, j'ai bien sujet de l'être :
D'abord, j'ai le bonheur de servir un bon maître,
Un cher parrain ; ensuite à l'emploi de portier
J'ai, comme de raison, joint un petit métier :
Une loge ne peut occuper seule un homme ;
Et puis, écoutez donc, cela double la somme.
Je fais tout doucement me petite maison,
Et j'amasse en été pour l'arrière-saison.

M. DUBRIAGE.

C'est bien fait. D'être heureux ce George fait envie.

GEORGE.

Ajoujez à cela le charme de la vie,
Une femme : la mienne est un petit trésor ;
Elle a trente ans ; je crois qu'elle embellit encor.
Point d'humeur ; elle est gaie, elle est bonne, elle est
[franche !
Elle aime son cher George!.. Oh! j'ai bien ma revanche!
Dame, c'est qu'elle a du soin du père, des enfants !...
Aussi, sans nous vanter, les marmots sont charmants.
Sans cessé autour de moi, l'on passe, l'on repasse ;
C'est un mot, un coup d'œil ; et cela me délasse.

M. DUBRIAGE.

Mais cela te dérange.

GEORGE.

Un peu: mais le plaisir !...
Il faut bien se donner un moment de loisir :
Cela n'empêche pas que la besogne n'aille ;
Car moi, tout en riant, en causant je travaille.
Mais quand le soir, bien tard, les travaux sont finis,
Et qu'autour de la table on est tous réunis
(Car la petite bande, à présent, soupe à table),
Si vous saviez, monsieur, quel plaisir délectable !
Je me dis quelquefois : « Je ne suis qu'un portier :
« Mais souvent dans la loge on rit plus qu'au premier.»

M. DUBRIAGE.

Chacun est dans ce monde heureux à sa manière.

GEORGE.

Ah ! la nôtre est la vraie, et vous ne l'êtes guère,
Heureux ! C'est votre faute aussi ; car, entre nous,

Pourquoi rester garçon ? Il ne tenait qu'à vous,
Dans votre état, avec une grosse fortune,
De trouver une femme, et dix mille pour une.

M. DUBRIAGE.

Que veux-tu ?... J'ai toujours aimé le célibat.

GEORGE.

Célibat, dites-vous ! C'est donc là votre état ?
Triste état, si par là, comme je le soupçonne,
On entend n'aimer rien, ne tenir à personne !
Vive le mariage ! Il faut se marier,
Riche ou non : et tenez, je m'en vais parier
Que si quelqu'un offrait au plus pauvre des hommes
Un hôtel, un carrosse, avec de grosses sommes,
Pour qu'il vécût garçon, il dirait : « Grand merci ;
« Plutôt que d'être riche, et que de l'être ainsi,
« J'aime cent fois mieux vivre, au fond de la campagne,
« Pauvre, grattant la terre, auprès d'une compagne, »

M. DUBRIAGE.

Assez.

GEORGE.

Ce que j'en dis, c'est par pure amitié ;
C'est que vraiment, monsieur, vous me faites pitié.

M. DUBRIAGE.

Pitié, dis-tu ?   GEORGE.

Pardon, c'est qu'il est incroyable
Que moi, qui près de vous ne suis qu'un pauvre diable,
Sois plus heureux pourtant : c'est un chagrin que j'ai.

M. DUBRIAGE.

De ta compassion je te suis obligé :
Mais changeons de sujet.   (Il se lève.)

GEORGE.

Très-volontiers. Encore,
Si, pour charmer, monsieur, l'ennui qui vous dévore,
Vous aviez près de vous quelque proche parent !...

M. DUBRIAGE.

Oui ! tu vois mon neveu !

GEORGE.

Mais cela me surprend,
Et vraiment je ne puis du tout le reconnaître.

M. DUBRIAGE.

A propos, tu l'as vu longtemps?

GEORGE.

                     Je l'ai vu naître.

Depuis, pendant dix ans, j'ai vécu près de lui.

M. DUBRIAGE.

Mais dis, George, d'après ce qu'il est aujourd'hui,
Il devait donc avoir un bouillant caractère ?

GEORGE.

Eh non ! il était doux !

M. DUBRIAGE.

       Bon !

GEORGE.

               A ne vous rien taire,

Moi, je ne saurais croire à ce grand changement :
Il faut qu'on l'ait...

M. DUBRIAGE.

       Tu dis qu'il était doux ?

GEORGE.

                      Charmant.

Sa mère ne pouvait se passer de sa vue.
Hélas ! son plus grand tort est de l'avoir perdue.
Un oncle lui restait; mais il ne l'a point vu.

M. DUBRIAGE, à part.

Hélas !

GEORGE.

      Abandonné dès lors, au dépourvu...

M. DUBRIAGE, voyant venir Ambroise.

Chut !

SCÈNE III — M. DUBRIAGE, GEORGE, AMBROISE.

M. DUBRIAGE.

    Qu'est-ce ?

AMBROISE, toujours d'un ton rude.

      De l'argent, monsieur, qu'on vous apporte,

Cent bons louis ; tenez.

M. DUBRIAGE.

       La somme n'est pas forte :

Mais enfin cet argent va me faire du bien ;
Car depuis très-longtemps, je ne touchais plus rien.

AMBROISE.

Est-ce ma faute, à moi ? croyez-vous que je touche ?
Aucun fermier ne paye : ils ont tous à la bouche
Le mot *grêle*.   M. DUBRIAGE.

                Hélas ! oui.

                    AMBROISE.

                Vous-même le premier,
Si je laisse monter par hasard un fermier,
Vous lui remettez tout.

                M. DUBRIAGE.

                C'est naturel, je pense.

AMBROISE.

Mais il faut cependant fournir à la dépense.
Saint-Brice avait besoin de réparation ;
J'ai fait à Montigny des augmentations :
Aussi, de plus d'un an, vous ne toucherez guères,
Peut-être croyez-vous que je fais mes affaires,
La vérité pourtant est que j'y mets du mien.

                GEORGE, à part.

Bon apôtre !   AMBROISE, à George.

                Plaît-il ?

                    GEORGE.

                Qui, moi ? Je ne dis rien.

                AMBROISE.

Encore ici ! c'est donc au premier que tu loges ?
Ton assiduité mérite des éloges.

                GEORGE.

J'entretenais monsieur, et voulais l'amuser.
En faveur du motif, on doit bien m'excuser.

                AMBROISE.

Et ton poste ?

                    GEORGE.

                Ma femme est en bas.

                AMBROISE.   Il n'importe ;
Je veux t'y voir aussi ; va, retourne à ta porte.

                M. DUBRIAGE, à Ambroise.

Vous lui parlez, je crois, un peu trop rudement.

AMBROISE.

A George.

Chacun a sa manière. Allons, vite.

M. DUBRIAGE.

Un moment.

GEORGE.

Si monsieur me retient, je puis rester, je pense.

AMBROISE.

Tu fais le raisonneur ?

GEORGE.

Est-ce vous faire offense

Que de venir un peu causer ?

AMBROISE.

Offense ou non,

Descends. M. DUBRIAGE.

Vous le prenez, Ambroise, sur un ton !...

AMBROISE.

Fort bien ! Ce cher filleul, toujours on le protége.

Il a beau me manquer...

GEORGE.

En quoi donc vous manqué-je?

AMBROISE.

En désobéissant. GEORGE.

Mais à qui, s'il vous plaît ?

Vous n'êtes point mon maître; et c'est monsieur qui l'est.

M. DUBRIAGE.

Eh oui ! moi seul.

AMBROISE.

Comment ?

SCÈNE IV — M. DUBRIAGE, GEORGE, AMBROISE, MADAME ÉVRARD.

MADAME ÉVRARD.

Ambroise encor s'emporte

Je gage ?

M. DUBRIAGE.

Oui, beaucoup trop.

AMBROISE.

Je veux que George sorte,

Descende : il me résiste ; et monsieur le soutient.
Voilà tout uniment d'où notre débat vient.

MADAME EVRARD.

D'un tapage si grand, comment! c'est là la cause ?

M. DUBRIAGE.

Ah ! je suis plus choqué du ton que de la chose.

MADAME ÉVRARD, à M. Dubriage.

Vous avez bien raison; mais vous le connaissez,
Ce cher homme... il est vif.

AMBROISE.

Eh morbleu !

MADAME ÉVRARD, à Ambroise.

Finissez.

George est un bon enfant, et va, je le parie,

(A George, d'un ton d'autorité)

Se rendre le premier. Là, descends, je te prie.

GEORGE.

Eh oui! je descends.

MADAME ÉVRARD.

Bon.

GEORGE, à part, en s'en allant.

Oh! que j'ai de chagrin

De voir ces deux fripons maîtriser mon parrain !

(Il sort.)

SCÈNE V. — M. DUBRIAGE, MADAME ÉVRARD, AMBROISE.

MADAME ÉVRARD.

Vous avez tort, Ambroise, il faut que je le dise ;
Et vous êtes brutal à force de franchise.

M. DUBRIAGE, encore ému.

Je suis bon; mais aussi c'est trop en abuser.

MADAME ÉVRARD, à Ambroise.

Sur ce point je ne puis vraiment vous excuser.
Vous êtes droit, loyal; mais jamais, je le pense,
D'être doux et soumis cela ne nous dispense.

AMBROISE.

Eh qui vous dit, madame ?...

M. DUBRIAGE.

Il s'emporte d'abord;
Il me tient des propos... et devant George encor !

MADAME ÉVRARD.

Cela n'est pas croyable... Ambroise!...

AMBROISE.

Je vous jure

Que c'est dans la chaleur...

MADAME ÉVRARD.

Oh oui ! je vous assure..

AMBROISE.

Eh ! monsieur sait combien je lui suis attaché.

M. DUBRIAGE.

Je le sais; sans quoi...

MADAME ÉVRARD.

Bon, vous n'êtes plus fâché...
Monsieur se plaît chez lui, parmi nous : il me semble
Qu'il faut le rendre heureux, vivre tous bien ensemble.

M. DUBRIAGE.

N'en parlons plus.

MADAME ÉVRARD.

Non, non, plus du tout.

(Elle lui donne affectueusement ses gants et son chapeau.)

M. DUBRIAGE.

Sans adieu.
Je vais au Luxembourg me promener un peu.

MADAME ÉVRARD, de loin.

Revenez donc bientôt, cher monsieur: il me tarde...

M. DUBRIAGE.

Oui, bientôt.   (Il sort.)

SCÈNE VI — MADAME ÉVRARD, AMBROISE.

AMBROISE.

Savez-vous que si l'on n'y prend garde,
Il nous fera la loi.

MADAME ÉVRARD.

Nous sommes sans témoin ;
Ambroise, songez-y, vous allez un peu loin,
Et je crains que monsieur ne perde patience.

AMBROISE.

Je voudrais voir cela !

MADAME ÉVRARD.

Ce ton de confiance
Pourrait vous attirer quelques fâcheux éclats ;
Je vous en avertis, ne vous exposez pas.

AMBROISE.

Eh ! je n'ai pas du tout besoin qu'on m'avertisse :
La maison sauterait plutôt que j'en sortisse.
Un autre soin m'occupe, à ne vous rien céler ;
Et je vais cette fois nettement vous parler.
Dès longtemps je vous aime, et vous presse, madame,
De recevoir ma main, de devenir ma femme :
C'est trop longtemps aussi me jouer, m'amuser.
Il faut m'admettre enfin, ou bien me refuser.

MADAME ÉVRARD.

Mais vous pressez les gens d'une manière étrange,
Il le faut avouer.

AMBROISE.

Je ne prends plus le change.
Tenez, madame Évrard, je vais au fait d'abord.
Je ne suis point galant : mais vous me plaisez fort.

MADAME ÉVRARD.

Monsieur Ambroise !...

AMBROISE.

Eh oui, votre air, votre figure.
Que vous dirai-je enfin ? toute votre tournure
M'enchante, me ravit. Allez, j'ai de bons yeux :
Vous êtes fraîche, et moi je ne suis pas très-vieux ;
Par ma foi, nous serons le mieux du monde ensemble.
Et puis notre intérêt l'exige, ce me semble.
Ma fortune est assez ronde, vous le savez.
Je ne m'informe point de ce que vous avez :
Vous ne vous êtes pas sûrement oubliée....
Allons, madame Évrard...

MADAME ÉVRARD.

Je crains d'être liée...

AMBROISE.

Eh ! plutôt craignez tout, si nous nous divisons ;

Oui : je n'ai pas besoin d'en dire les raisons.
L'un de l'autre, entre nous, nous savons des nouvelles,
Et tous deux nous pourrions en raconter de belles ;
Au lieu qu'à l'avenir, si nous ne faisons qu'un,
Nous ne craindrons plus rien de l'ennemi commun...
A propos, j'oubliais de vous dire, madame,
Que j'ai trouvé, je crois, cette seconde femme...

MADAME ÉVRARD.

Vous revenez toujours sur ce chapitre-là.
Je ne suis point d'accord, avec vous, sur cela.

AMBROISE.

Vous n'avez pas besoin de quelqu'un qui vous aide ?

MADAME ÉVRARD.

Moi ! point du tout.　AMBROISE.

Si fait, et puis qui vous succède ?...

MADAME ÉVRARD.

Qui ?...　　　AMBROISE.

Voulons-nous servir jusques à nos vieux jours ?
Notre service est doux ; mais nous servons toujours.

MADAME ÉVRARD.

Vous voyez mal, Ambroise : il vaudrait mieux peut-être
Attendre... enfin fermer les yeux de notre maître.

AMBROISE.

Mais cela peut durer encore très-longtemps.
Monsieur n'a, voyez-vous, que soixante-cinq ans ;
Il est temps, croyez-moi, de faire une retraite :
Et pour la faire sûre, honorable et discrète,
Il faut laisser ici des gens honnêtes, doux,
Par nous-mêmes choisis, qui dépendent de nous,
Qui soient à nous, de nous qui lui parlent sans cesse.

MADAME ÉVRARD.

S'ils allaient de monsieur captiver la tendresse...
Enfin nous verrons.

AMBROISE.

Bon ! vous remettez toujours.

MADAME ÉVRARD.

Eh ! moins d'impatience.

AMBROISE.

Et vous, moins de détours ;

Plus de délais : demain je veux une réponse.

MADAME ÉVRARD.

(A part, en s'en allant.)

Demain, soit. Sur mon sort si monsieur ne prononce,
Que faire ? Allons, il faut le presser au plus tôt.

(Elle sort.)

AMBROISE.

A demain donc.

SCÈNE VII — AMBROISE, seul.

Voilà la femme qu'il me faut.
D'abord, réunissant les deux sommes en une,
C'est un total ; et puis, à quoi bon la fortune
Quand on la mange seul ? Monsieur sert de leçon :
C'est une triste chose, au fait, qu'un vieux garçon !
On se marie, on a des enfants : on amasse :
Et, si l'on meurt, du moins on sait où le bien passe...
Mais que veut cette fille ?... A propos, c'est, je croi...
Déjà ?

SCÈNE VIII — AMBROISE, LAURE.

AMBROISE, d'un ton rude.

Qu'est-ce ?

LAURE, tremblante.

Monsieur... Ambroise ?...

AMBROISE.

Eh bien ! c'est moi.

LAURE.

Peut-être en ce moment, monsieur, je vous dérange...
C'est moi... dont vous a pu parler monsieur Lagrange...

AMBROISE.

C'est différent. J'entends, c'est vous qui souhaitez
Entrer ici ?

LAURE.

Du moins si vous le permettez.
Voulez-vous bien jeter les yeux sur cette lettre ?

AMBROISE, s'asseyant.

Vous tremblez ! LAURE.

Moi ! pardon...

LE VIEUX CÉLIBATAIRE.

3

AMBROISE.

Tâchez de vous remettre...

Voyons... « Sage, bien née et docile... » Il suffit.

Regardant Laure très-fixement.

Votre air s'accorde assez avec ce qu'on m'écrit.

LAURE.

Vous êtes trop honnête.

AMBROISE.

On vous appelle?

LAURE.   \   Laure.

AMBROISE.

Et votre âge... vingt ans?

LAURE.

Pas tout à fait encore.

AMBROISE.

Bon. Avez-vous servi déjà?

LAURE.

Qui, moi?... jamais.

Je ne servirai point ailleurs, je vous promets.

AMBROISE.

Vous n'êtes pas, je crois, mariée?

LAURE.   A mon âge,

Sans fortune, peut-on songer au mariage?

AMBROISE.

Plus je vous interroge, et plus je m'aperçois

Se levant.

Que vous me convenez... Allons, je vous reçois.

LAURE.

Monsieur, c'est trop d'honneur que vous daignez me faire.

AMBROISE.

Oh! non. Je vois cela, vous ferez mon affaire.

J'en préviendrai monsieur; car il est à propos

Qu'ensemble, ce matin, nous en disions deux mots.

Mais j'en réponds. Au reste, il est bon de vous dire

Où vous êtes, comment vous devez vous conduire.

LAURE.

J'écoute.   AMBROISE.

Vous saurez que vous avez ici

Plus d'un maître à servir.

LAURE.
On me l'a dit aussi.

AMBROISE.
Moi, le premier.   LAURE.
Oh ! oui.

AMBROISE.
                    Puis, pour la gouvernante,
Madame Évrard, soyez docile et prévenante,
Monsieur la considère, et moi j'en fais grand cas :
Servez-la bien.   LAURE.
Monsieur, je n'y manquerai pas.

AMBROISE.
Enfin, il faut avoir pour monsieur Dubriage
Les égards et les soins que l'on doit à son âge :
C'est un homme de bien, respectable d'abord,
Riche d'ailleurs, qui peut faire un jour votre sort.

LAURE.
Par un motif plus pur déjà je le révère.

AMBROISE.
C'est tout simple : surtout souvenez-vous, ma chère,
Que c'est Ambroise seul qui vous a fait entrer.

LAURE.
Je n'oublierai jamais, j'ose vous l'assurer,
Que, si dans la maison j'occupe cette place,
C'est à vos soins, monsieur, que j'en dois rendre grâce.

AMBROISE.
Pas mal. Allons, je crois que je serai content.

SCÈNE IX — LAURE, AMBROISE, CHARLE.

CHARLE, de loin, à part.
L'aura-t-il agréée ?

AMBROISE.
                    Ah ! Charle, dans l'instant
J'arrête, je reçois cette jeune servante ;
Elle va soulager, servir la gouvernante,
Et dans l'occasion pourra vous seconder :
Avec elle tâchez de vous bien accorder.

CHARLE.
Oui, je l'espère.

AMBROISE, à Laure.

Bon. Allez payer votre hôte,
Et revenez ici dans deux heures sans faute.
Ne demandez que moi.

LAURE.

Non.

AMBROISE.

Pour quelques instants.
Je vais sortir. Allez, ne perdez point de temps ;
    (A Charle.)
Ni vous non plus.   CHARLE.

Oh, n'en croyez, je vous supplie,
Que toute ma journée est assez bien remplie.

(Ambroise sort.)

SCÈNE X — CHARLE, LAURE.

CHARLE.

Te voilà donc entrée. Ah! nous verrons un peu
S'ils feront déguerpir la nièce et le neveu.

LAURE.

Je suis tremblante encor.

CHARLE.

Rassure-toi, ma chère.
Mon oncle va te voir ; il suffit, et j'espère.
Il entendra bientôt le son de cette voix
Qui sut toucher mon cœur dès la première fois...
Ah! je voudrais déjà qu'à loisir il t'eût vue.

LAURE.

Je désire à la fois et crains cette entrevue ;
Cette madame Évrard, ô dieu, que je la crains!

CHARLE.

Qu'elle est fausse et méchante !

LAURE.

En ce cas, je la plains.

CHARLE.

Chère épouse ! faut-il qu'à feindre de la sorte
Le destin nous réduise ?

LAURE.

Eh! Charle, que m'importe?

Je serai près de toi : toi seul fais tout mon bien ;
Tu me tiens lieu de tout ; le reste ne m'est rien.
Mon ami, sans compter ce pénible voyage,
J'ai bien eu du chagrin depuis mon mariage ;
Mais tu me consolais ; nous mêlions nos douleurs :
Et ces deux ans, passés ensemble dans les pleurs,
Sont encor les moments les plus doux de ma vie.

CHARLE.

Va, mon sort, quel qu'il soit, est trop digne d'envie...

LAURE.

Mais adieu ; car je crains...

CHARLE.

         A peine pouvons-nous
Peindre nos sentiments.

LAURE.

         Ils n'en sont que plus doux
Adieu, Charle.   CHARLE.
      Au revoir.

LAURE, en sortant.

      Au revoir.

SCÈNE XI — CHARLE, seul.

              Quelle femme !
De l'esprit, de la grâce, avec une belle âme !
Trop heureux ! Mon pauvre oncle a ses peines aussi,
Et n'a personne, hélas ! qui le console ainsi.
Je craignais son courroux : ah ! bien loin de le craindre,
C'est lui qui de nous trois est bien le plus à plaindre...
Mais que veut George ?

SCÈNE XII — CHARLE, GEORGE.

CHARLE.

Eh bien ?

GEORGE.

         Elle vient de partir.
Sans qu'on l'ait, grâce au ciel, vue entrer ni sortir...
Mais vous ne savez pas !

CHARLE.

      Qu'as-tu donc à me dire ?

GEORGE.

Quelque chose entre nous, qui vous fera peu rire.
J'ai là-bas cinq cousins, tous issus de germains,
Dont l'un même a déjà ses papiers dans les mains :
Ils viennent par monsieur se faire reconnaître.
« Il est sorti, » leur dis-je. « Il rentrera peut-être, »
Dit l'orateur. Enfin ils ont voulu rester.
Qu'en ferai-je, monsieur?

CHARLE.

Eh mais! fais-les monter.

GEORGE.

Songez donc que de près à mon parrain ils tiennent,
Et qu'ils pourraient fort bien...

CHARLE.

Il n'importe; qu'ils viennent.

GEORGE.

Allons.   (Il sort.)

SCÈNE XIII — CHARLE, seul.

Ces chers cousins, je crois, se doutent peu
Qu'ils vont être reçus ici par un neveu.
Ils approchent, fort bien ; sachons encore feindre.
... Ils ne sont pas heureux ; c'est à moi de les plaindre.

SCÈNE XIV — CHARLE, LES CINQ COUSINS, vêtus assez modestement.

LE GRAND COUSIN, bas, aux autres, de loin.

Laissez-moi parler seul.

(Haut à Charle, avec maintes révérences, que les autres imitent.)

Nous avons bien l'honneur,
Monsieur...   CHARLE.

C'est moi qui suis votre humble serviteur.
Vous venez pour parler à monsieur Dubriage?

LE GRAND COUSIN.

Oui, monsieur; c'est l'objet de notre long voyage;
Car nous venons d'Arras pour le voir seulement.

CHARLE.

En vérité j'admire un tel empressement ;
Et je ne doute pas qu'à monsieur il ne plaise.

LE TROISIÈME COUSIN.
Le cousin de nous voir sera, je crois, bien aise.
CHARLE.
Le connaissez-vous?
LES QUATRE COUSINS.
Non.
LE GRAND COUSIN, d'un air important.
Ils ne l'ont jamais vu;
Mais mon air au cousin pourrait être connu.
Je l'allai voir alors qu'il faisait son commerce,
En... n'importe : il vendait des étoffes de Perse!...
Dame aussi, le cousin est riche à millions;
Et nous sommes encor gueux comme nous étions.
CHARLE.
Êtes-vous frères, tous?
LE GRAND COUSIN.
Il ne s'en faut de guères.
Voici mon frère à moi : les trois autres sont frères.
Mais nous sommes cousins, tous issus de germains,
Comme il est constaté par ces titres certains,
(Déployant ses papiers.)
Surtout par ce tableau... Mon frère est géographe.
LE DEUXIÈME COUSIN, avec force révérences.
Pour vous servir : voici mon nom et mon paraphe.
(Déroulant l'arbre généalogique, et le faisant voir à Charle.)
Roch-Nicodème-Armand (c'est notre aïeul commun,
(Ils ôtent tous leurs chapeaux.)
La souche, eut trois garçons; mon grand-père en est un.
Sa fille, Jeanne Armand, contracta mariage,
Comme vous pouvez voir, avec Paul Dubriage,
Le père du cousin.
CHARLE, suivant des yeux sur l'arbre généalogique.
Arrêtez donc un peu.
Je vois plus près, tout seul, Pierre Armand, un neveu:
Il exclut les cousins; la chose paraît claire.
LE DEUXIÈME COUSIN, embarrassé.
Oui; mais... frère, dis donc...
LE GRAND COUSIN.
Nous ne le craignons guère.

CHARLE.

Pourquoi?   LE GRAND COUSIN.

Par le cousin il est fort détesté,
Et vraisemblablement sera déshérité.

CHARLE.

Fort bien !

LE TROISIÈME COUSIN.

Nous n'avons pas l'honneur de le connaître.
Mais il nous gêne fort.

CHARLE.

Il aurait droit peut-être

De vous dire à son tour : « C'est vous qui me gênez.
« Et c'est ma place enfin, messieurs, que vous prenez.»

LE GRAND COUSIN.

Bah ! bah !   LE TROISIÈME COUSIN.

Cette maison, comme elle est belle et grande !

(A Charle.)

Est-elle à lui, monsieur ?

LE GRAND COUSIN.

Parbleu, belle demande !

Je gage qu'il en a bien plus d'une autre encor.

LE QUATRIÈME COUSIN.

Quels meubles !

LE TROISIÈME COUSIN.

Les dedans, vous verrez, sont pleins d'or.

LE CINQUIÈME COUSIN.

De bijoux.

LE DEUXIÈME COUSIN, d'un ton grave.

De contrats.

LE GRAND COUSIN.

Et quand on peut se dire :

« Nous aurons tout cela », ma foi, cela fait rire.

TOUS LES COUSINS, riant aux éclats.

Oh ! oui, rien n'est plus drôle.

CHARLE.

En effet, à présent.

Je trouve que la chose a son côté plaisant.

LE GRAND COUSIN.

Morbleu !...

CHARLE.

Paix, car on vient.

LE GRAND COUSIN.

Quelle est donc cette dame ?

CHARLE, bas, aux cousins.

C'est une gouvernante... Entre nous, cette femme
Sur l'esprit de monsieur a beaucoup d'ascendant :
Il faut la ménager.

LE GRAND COUSIN, bas, à Charle.

Allez, je suis prudent.

Et sais ce qu'il faut dire à notre gouvernante.

SCÈNE XV — CHARLE, LES CINQ COUSINS, MADAME ÉVRARD.

LE GRAND COUSIN.

Madame, nous avons...

MADAME ÉVRARD, d'un air très-inquiet.

Je suis votre servante :
Messieurs, peut-on savoir ce que vous désirez?

LE GRAND COUSIN.

Nous désirerions voir le cousin. Vous saurez...

LES QUATRE AUTRES COUSINS, tous ensemble.

Nous sommes les cousins de monsieur Dubriage.

LE GRAND COUSIN, bas, aux autres.

(Haut, à madame Évrard.)

Paix! Nous venons d'Arras, tout exprès...

MADAME ÉVRARD.

C'est dommage.

Monsieur vient de sortir.

LE GRAND COUSIN.

C'est ce qu'on nous a dit :
Mais quoi! nous l'attendrons fort bien, sans contredit:
Le cousin va rentrer avant peu, je l'espère.

MADAME ÉVRARD.

Non : il ne rentrera que très-tard, au contraire.

LE GRAND COUSIN.

Demain nous reviendrons.

MADAME ÉVRARD.

Ne venez pas demain :

Il part pour la campagne, et de très-grand matin.

LES TROISIÈME ET QUATRIÈME COUSINS.

Après-demain?

MADAME ÉVRARD.

Sans doute... enfin dans la semaine.
Mais, je vous en préviens, souvent il se promène.
D'ailleurs, monsieur saura que vous êtes venus;
C'est comme si par lui vous étiez reconnus.

TOUS LES COUSINS.

Oh ! nous voulons le voir.

MADAME ÉVRARD.

Très-volontiers ; lui-même
Sera ravi de voir de bons parents qu'il aime.
Au revoir donc, messieurs; car dans ce moment-ci...

LE GRAND COUSIN.

Madame...

LE TROISIÈME COUSIN, bas, au grand cousin.

Je croyais qu'on dînerait ici.

LE GRAND COUSIN, bas, au troisième cousin.

(Haut, à madame Évrard.)

Paix donc !... Nous reviendrons.

MADAME ÉVRARD.

Pardon, je vous supplie,
Si je vous laisse aller.

LE GRAND COUSIN.

Vous êtes trop polie.

CHARLE, les reconduisant avec politesse.

C'est à moi de fermer la porte à ces messieurs.

(Il sort avec eux.)

SCÈNE XVI — MADAME ÉVRARD, seule.

Qu'ils aillent présenter leur cousinage ailleurs...
Quel malheur, si monsieur eût vu cette recrue !

(Prêtant l'oreille.)

On ferme... Ah ! Dieu merci, les voilà dans la rue...
Au surplus, ces parents m'épouvantent fort peu,
Et je crains beaucoup moins dix cousins qu'un neveu...
Mais quoi ! je perds le temps en de vaines paroles.

Les enfants du portier doivent savoir leurs rôles :
Faisons-les répéter ; oui, sachons avec art
Employer des enfants pour toucher un vieillard.

ACTE TROISIÈME

SCÈNE I — MADAME ÉVRARD, Les deux Enfants de George.

MADAME ÉVRARD.
Bon, mes petits enfants, je suis très-satisfaite.
JULIEN.
Aussi, depuis au moins deux heures je répète.
MADAME ÉVRARD.
Fort bien ! Çà, mes enfants, je m'en vais vous laisser.
Vous, dès qu'il paraîtra, vous irez l'embrasser...
TOUS DEUX.
Oui, oui.   MADAME ÉVRARD.
          Comme papa, maman.
TOUS DEUX.
                              Ah! tout de même.
MADAME ÉVRARD.
Appelez-le du nom de papa ; car il l'aime.
JULIEN.
C'est bien vrai : moi, toujours je l'appelle *papa*.
LA SŒUR.
Moi, *bon ami*.
MADAME ÉVRARD.
          Sans doute il vous demandera
Si vous avez appris, ce matin, quelque chose.
Alors vous lui direz votre scène.
LA SŒUR.
                              Je n'ose.
MADAME ÉVRARD.
Tu n'oses?... pauvre enfant !

LE FRÈRE.

Oh! moi, je ne crains rien.
Je sais par cœur mon rôle, et je le dirai bien.

MADAME ÉVRARD.

Bon, Julien. Soyez donc tous les deux bien aimables :
Et, si jusqu'à demain vous êtes raisonnables,
Vous aurez... quelque chose.

LE FRÈRE.

Oui, moi, mais pas ma sœur;
Elle a peur, elle n'ose...

LA SŒUR.

Oh! non, je n'ai plus peur.

MADAME ÉVRARD.

J'entends monsieur venir; adieu donc, bon courage!
(A part, s'en allant.)
Après, je reviendrai pour achever l'ouvrage.

SCÈNE II — LES ENFANTS, M. DUBRIAGE,
qui s'avance en rêvant, sans les voir.

LA SŒUR.

Je ne pourrai jamais réciter tout cela.

LE FRÈRE.
(Bas.)
Je te soufflerai, moi. Chut, ma sœur, le voilà.

LA SŒUR, bas.

Il ne nous voit pas.

LE FRÈRE, bas.
Non; il rêve.

LA SŒUR, bas.

Ah! que c'est drôle!

LE FRÈRE, bas.

Eh! paix donc!

LA SŒUR, bas.
On dirait qu'il répète son rôle.
(Ils rient tous deux et se font des mines.)

M. DUBRIAGE.

Qu'est-ce?

LE FRÈRE, courant à lui.
C'est nous, papa.

M. DUBRIAGE, l'embrassant.

C'est toi, petit Julien?

LA SŒUR, allant aussi à M. Dubriage.

Oui, bon ami.

M. DUBRIAGE, l'embrassant aussi.

Bonjour.

(M. Dubriage s'assied.)

LA SŒUR.

Comment ça va-t-il?

M. DUBRIAGE. Bien.

Et vous?

LE FRÈRE.

Tu vois.

M. DUBRIAGE.

Cela se lit sur vos visages.
Dites-moi, mes enfants, êtes-vous toujours sages?

LE FRÈRE.

Oh! toujours! Ce matin, maman nous le disait.

M. DUBRIAGE, se tournant tour à tour vers chacun d'eux.

Vraiment? LA SŒUR.

Si tu savais comme elle nous baisait!

LE FRÈRE.

Et papa? Tout exprès il quitte son ouvrage.

LA SŒUR.

Il prétend que cela lui donne du courage.

M. DUBRIAGE.

Et vous les aimez bien?

LA SŒUR.

Oui, comme nous t'aimons.

LE FRÈRE.

Papa cause la nuit, croyant que nous dormons.
Hier encore, ma sœur était bien endormie,
Moi pas; je l'entendais qui disait : « Mon amie,
« Conviens que nous devons être tous deux contents,
« Et que nous avons là de bien jolis enfants?... »
Et maman répondait : « C'est vrai qu'ils sont aimables. »
« Dame, c'est qu'à leur mère ils sont tous deux sembla-
Disait papa. « Julien, soit, répondait maman ; [bles. »
« Mais Suson te ressemble, à toi; là, conviens-en. »

M. DUBRIAGE.

Fort bien, mes bons amis ; comment va la mémoire ?
Savez-vous ce matin une fable, une histoire ?

LE FRÈRE.

Tiens, papa, ce matin encore nous répétions
Un petit dialogue, à nous deux.

M. DUBRIAGE.

               Ah ! voyons.

LE FRÈRE.

Çà, commence, ma sœur.

      (Les enfants récitent chacun leur couplet comme une leçon.)

LA SŒUR.

           « Quel est le patriarche
« Qui prévit le déluge et construisit une arche ?

LE FRÈRE.

« Noé, fils de Lamech, qui, comme vous savez,
« S'est échappé lui-même et nous a tous sauvés.

LA SŒUR.   [mes !

« On me l'avait bien dit. Quoi ! tous tant que nous som-
« Comment ! un homme seul a sauvé tous les hommes !

LE FRÈRE.

« Oui, sans doute ; et voici comment cela s'est fait ;
« Noé n'eut que trois fils, Sem, Cham et puis Japhet
« Sem en eut cinq : chacun eut au moins une épouse,
« Dont il eut maint enfant : Jacob seul en eut douze.
« Ces enfants se sont vus pères d'enfants nombreux :
« C'est de là qu'est venu le peuple des Hébreux.

LA SŒUR.

« Ah! ah !

LE FRÈRE.

       « Je n'ai parlé que de Sem : ses deux frères
« Du reste des humains ont été les grands-pères.
« Dieu dit : *Multipliez et croissez à l'envi.*
« Nul précepte jamais n'a mieux été suivi,
« Et l'on continuera sûrement de le suivre. »

M. DUBRIAGE.

Où donc avez-vous vu cela ?

LE FRÈRE.

             Dans un beau livre,

Dont on a fait présent à maman.

M. DUBRIAGE.

C'est assez.

LA SŒUR.

J'ai quelque chose encore à dire.

M. DUBRIAGE.

Finissez.

(Il rêve; et pendant ce temps-là les enfants se font des mines, et s'excitent
l'un l'autre à parler à M. Dubriage.)

LA SŒUR, allant tout doucement à lui.

Tiens, quelquefois à nous papa ne prend pas garde...

(Elle lui caresse la joue.)

Je fais comme cela... Puis alors il regarde,
Me voit, rit, et m'embrasse, enfin, comme cela.

(Elle témoigne vouloir l'embrasser.)

M. DUBRIAGE, lui tendant les bras.

Chère petite, viens.

LE FRÈRE.

Et moi, mon bon papa ?

M. DUBRIAGE.

Viens aussi.

(Il les tient tous deux serrés dans ses bras.)

SCÈNE III — M. DUBRIAGE, LES ENFANTS, MADAME ÉVRARD.

MADAME ÉVRARD, de loin, sans être vue.

Mes enfants s'en tirent à miracle :

(Haut, toujours d'un peu loin.)

Il est temps de parler, à mon tour. Doux spectacle !
Il m'enchante ; d'honneur !

M. DUBRIAGE.

C'est vous, madame Évrard.

MADAME ÉVRARD.

Oui, monsieur; du tableau je prends aussi ma part.
On croirait voir un père au sein de sa famille.

LA SŒUR, à madame Évrard.

J'ai fort bien dit ma scène...

MADAME ÉVRARD, l'arrêtant.

A merveille, ma fille !

Vous égayez monsieur : c'est bien fait, mes enfants.
Allez jouer tous deux : en restant plus longtemps,
Vous importuneriez ce bon papa peut-être;
Allez.

LES ENFANTS, en sortant.

　　Adieu, papa.

SCÈNE IV — M. DUBRIAGE assis; MADAME
ÉVRARD.

MADAME ÉVRARD, à part.

　　　Si je puis m'y connaître,
　　(Haut.)
Il est ému. Vraiment ces enfants sont gentils.

M. DUBRIAGE.

Oui, tout à fait : pour moi, j'aime fort leurs babils.

MADAME ÉVRARD.

Et leur caresses donc, naïves, enfantines !
Et puis ils ont tous deux les plus charmentes mines !..
Une grâce, un sourire; enfin je ne sais quoi...
Qui me plaît, m'attendrit.

M. DUBRIAGE.

　　　　　Il me touche aussi, moi.
Qui ne les aimerait ? cela n'est pas possible.

MADAME ÉVRARD.

Je me dis quelquefois: « Monsieur est bon, sensible :
« S'il a tant d'amitié pour les enfants d'autrui,
« Qu'il aurait donc d'amour pour des enfants à lui ! »

M. DUBRIAGE, à demi-voix.

Hélas !

MADAME ÉVRARD.

　　Cette petite est le portrait du père.

M. DUBRIAGE.

Oui vraiment ! et Julien, il ressemble à sa mère !..

MADAME ÉVRARD.

A s'y tromper. Ces gens sont-ils assez heureux,
De voir ainsi courir et sauter autour d'eux.
Leurs portraits, en un mot, comme d'autres eux-même.

M. DUBRIAGE.

J'y pensais : ce doit être une douceur extrême.

MADAME ÉVRARD.

Je ressemblais aussi beaucoup, je m'en souvien,
A mon père... digne homme! il était assez bien...
Ayant moins de richesse, hélas! que de naissance...
On le félicitait sur notre ressemblance :
Aussi m'aimait-il plus que ses autres enfants...

Finement.

Et puis il m'avait eue à plus de soixante ans,
Je flattais son orgueil autant que sa tendresse:
Il m'appelait souvant l'enfant de sa vieillesse.

M. DUBRIAGE.

A plus de soixante ans!

MADAME ÉVRARD.

Oui; c'est qu'il était frais!...
Et même il a vécu vingt ans encore après.
Allons, vous retombez dans votre rêverie.

M. DUBRIAGE.

Il est vrai.

MADAME ÉVRARD.

Je ne sais... excusez, je vous prie...
Mais vous semblez avoir quelque chose.

M. DUBRIAGE.   Non, rien.

MADAME ÉVRARD.

Si fait : vous êtes triste, oh! je le vois fort bien...
Au surplus, chacun a ses embarras, ses peines...
Moi qui vous parle, eh bien! j'ai moi-même les miennes.

M. DUBRIAGE.

Qui, vous, madame Evrard?

MADAME ÉVRARD.

Sans doute.

M. DUBRIAGE.   A quel propos?

MADAME ÉVRARD.

Ambroise me tourmente: il désire, en deux mots,
Qu'avant peu, que demain, je devienne sa femme.

M. DUBRIAGE.

(La faisant asseoir à côté de lui.)

Ambroise, dites-vous?... Répétez donc, madame.

MADAME ÉVRARD.

Je dis qu'Ambroise m'aime et me veut épouser.

Depuis plus de deux ans, je sais le refuser.
J'élude chaque jours une nouvelle instance,
Croyant que mes délais lasseront sa constance :
Non ; loin de s'attiédir, son ardeur va croissant.
Mais aujourd'hui surtout, il devient plus pressant;
Il insiste ; et vraiment je ne sais plus que faire.
Je viens vous demander conseil en cette affaire.

M. DUBRIAGE.

Eh mais ! je ne sais trop quel conseil vous donner...
Car enfin ce parti n'est pas à dédaigner :
Ambroise est, après tout, un parfait honnête homme,
Homme d'honneur, de sens, excellent économe.

MADAME ÉVRARD.

Oui, vous avez raison ; et pour la probité,
Ambroise assurément sera toujours cité:
Mais il parle d'hymen; la chose est sérieuse:
Je crains, je l'avoûrai, de n'être pas heureuse.

M. DUBRIAGE.

Et pourquoi ?

MADAME ÉVRARD.

      Je ne sais... tenez, c'est, qu'entre nous,
On peut être honnête homme et fort mauvais époux.
Ambroise est quelquefois d'une rudesse extrême,
Vous le savez: souvent il vous parle à vous-même,
D'un ton!...

M. DUBRIAGE.

      Un peu dur, oui; mais vous l'adoucirez:
Vous avez pour cela des moyens assurés.

MADAME ÉVRARD.

Quelle tâche ! j'en suis d'avance intimidée...
Puis... j'avais de l'hymen une tout autre idée :
Car j'étais faite, moi, pour un lien si doux;
Et... sans l'attachement, monsieur, que j'ai pour vous,
A coup sûr, je serais déjà remariée.
Dans mon premier hymen je fus contrariée;
Et, lorsque l'on m'unit au bon monsieur Evrard,
A mon penchant peut-être on eut trop peu d'égard.
A prendre un tel époux bien qu'on m'eût su contraindre,
Vous savez cependant s'il eut lieu de se plaindre,

Si je manquai pour lui de soins, d'attention !...

M. DUBRIAGE.

On vous eût crus unis par inclination.

MADAME ÉVRARD.

Eh bien ! en pareil cas, si je fus complaisante,
Jugez, monsieur, combien je serais douce, aimante,
Si j'avais un mari qui fût... là... de mon choix,
Dont l'humeur me convînt, en un mot !

M. DUBRIAGE

                          Je le crois.

MADAME ÉVRARD.

Et je ne parle pas d'un mari vain, volage...
Je n'aurais point voulu d'un jeune homme ; à cet âge,
On ne sait pas aimer.

M. DUBRIAGE.

                Je l'ai toujours pensé :
Ce que vous dites là, madame, est très-sensé.

MADAME ÉVRARD.

Pour mieux dire, tenez, monsieur, je le confesse,
Pourvu qu'il eût passé la première jeunesse,
Peu m'importe quel âge aurait eu mon époux :
Je parle sans détour ; car enfin, entre nous,
En me remariant, moi, s'il faut vous le dire,
Un, deux enfants, voilà tout ce que je désire...
Il me semble déjà que j'ai là sous les yeux,
Que je vois mes enfants, le père au milieu d'eux,
Souriant à nous trois, allant de l'un à l'autre...
Oh ! quel ravissement serait alors le nôtre !

(Se reprenant.)

J'entends le mien, celui du mari que j'aurais,
Je parle en général, je n'ai point de regrets :
Auprès de vous mon sort est trop digne d'envie ;
Le ciel m'en est témoin, j'y veux passer ma vie :
Nul motif, nul pouvoir ne peut m'en arracher.

M. DUBRIAGE.

Qu'un tel attachement est fait pour me toucher !

MADAME ÉVRARD.

Vous devez voir pour vous jusqu'où va ma tendresse,
Comme, au moindre signal, je vole, je m'empresse ;

Comme je mets au rang des plaisirs les plus doux
Celui de vous servir, d'avoir bien soin de vous.
Ce n'est pas l'intérêt, le devoir qui me mène ;
C'est l'amitié, le cœur, cela se voit sans peine.
Enfin, sur le motif qui me faisait agir
On s'est mépris... au point de me faire rougir.
Oui, monsieur, pour jamais, il faut que je le dise,
La médisance ici peut m'avoir compromise :
Je ne suis pas encor d'âge à la désarmer.
On me soupçonne enfin...

M. DUBRIAGE.

　　　　　　　　　　De quoi ?

MADAME ÉVRARD.

　　　　　　　　　　　　　　De vous aimer,
De vous plaire... je dis d'avoir touché votre âme.
Charle, en entrant, a cru que j'étais votre femme.
Mon amitié pour vous me fait tout supporter :
C'est un plaisir de plus, et j'aime à le goûter...
Mais je vous le demande, avec un cœur sensible,
Puis-je épouser ?

M. DUBRIAGE.

　　　　　　　Non, non ! cela n'est pas possible,
Ambroise, je le sens, est indigne de vous ;
Le ciel ne l'a point fait pour être votre époux.

MADAME ÉVRARD.

Le croyez-vous ?

M. DUBRIAGE.

　　　　　Oh, oui !

MADAME ÉVRARD.

　　　　　　　　　Peut-être je me flatte,
Et peut-être ai-je l'âme un peu trop délicate :
Lorsqu'en moi je descends, je ne sais... je me crois
Digne d'un meilleur sort. L'état où je me vois
M'humilie... Ah ! j'ai tort... mais malgré moi je pleure.

M. DUBRIAGE, plus ému.

Chère madame Evrard !... chaque jour, à toute heure,
Oui, je découvre en vous, et je m'en sens frappé,
Mille dons enchanteurs qui m'avaient échappé.
Votre aimable entretien me touche, m'intéresse.

MADAME ÉVRARD.

Qu'est-ce qu'un entretien, de grâce?... Ah! que serait-ce
Si je pouvais, un jour, donner à mes transports
Un libre cours, monsieur ! J'ose le dire : alors,
Combien de qualités vous pourriez reconnaître,
Que ma position empêche de paraître !

M. DUBRIAGE.

Ah ! je les entrevois, et je devine assez
Tout ce que j'ai perdu... Mais vous me ravissez...
Ai-je pu jusqu'ici négliger tant de charmes?

MADAME ÉVRARD.

Si vous saviez combien j'ai dévoré de larmes !
Combien j'ai soupiré, combattu cette ardeur
Qui me tourmente ! Hélas ! la cainte, la pudeur...

M. DUBRIAGE, se levant, hors de lui.

Je n'y puis plus tenir : toute votre personne
Me charme... C'en est fait...   (On sonne.)

MADAME ÉVRARD, laissant échapper un cri.

Ah! ciel !

M. DUBRIAGE.

Je crois qu'on sonne.

MADAME ÉVRARD.

Eh bien! donc, vous disiez!... Achevez en deux mots.

M. DUBRIAGE.

C'est Ambroise.

MADAME ÉVRARD, à part.

Bon Dieu, qu'il vient mal à propos.

SCÈNE V — M. DUBRIAGE, MADAME ÉVRARD, AMBROISE, LAURE.

M. DUBRIAGE, à Ambroise.

Eh bien! qu'est-ce?...

AMBROISE.

Monsieur, c'est une jeune fille,
Sage, laborieuse et d'honnête famille,
Qu'en ce moment je viens vous présenter...

MADAME ÉVRARD.   Pourquoi?

AMBROISE.

Mais... pour vous soulager, madame Évrard.

MADAME ÉVRARD.

Qui, moi ?

Oh ! je n'ai pas du tout besoin qu'on me soulage ;
On ne craint point encor le travail à mon âge.

M. DUBRIAGE.

Oui, sans doute... je crois qu'on peut se dispenser
De prendre cette fille.

AMBROISE.

On ne peut s'en passer,
Et dans cette maison, quoi qu'en dise madame,
Il faut absolument une seconde femme,
Pour plus d'une raison. Sans être fort âgés,
Tous deux avons besoin d'être un peu ménagés.
Madame Evrard, qui parle, en était prévenue.

MADAME ÉVRARD.

Moi ! jamais de ce point je ne suis convenue :
Je vous ai toujours dit : « Attendons, il faut voir. »
Savais-je, par hasard, qu'elle viendrait ce soir ?

AMBROISE.

Comment l'aurais-je dit ? je l'ignorais moi-même.
La Grange m'a servi d'une vitesse extrême...
Mais qu'elle soit venue un peu plus tôt, plus tard ;

(A M. Dubriage.)

La voici. Vous aurez, j'espère, quelque égard,
Monsieur, pour un sujet qu'en ce logis j'arrête.
Quant à madame Évrard, je la crois trop honnête

(En regardant fixement madame Évrard.)

Pour me contrarier en cette occasion.
Si d'avance elle eût fait un peu réflexion...

MADAME ÉVRARD.

Allons, puisqu'à vos vœux il faut toujours souscrire,
Pour l'amour de la paix, j'aime mieux ne rien dire.

(A M. Dubriage.)

Ainsi, monsieur, voyez...

M. DUBRIAGE.

En effet, je ne vois
Nul inconvénient... Allons, je la reçois.

(A part.)

Je dois quelques égards à l'un ainsi qu'à l'autre.

(Haut.)   [vôtre.

C'est mon affaire, au fond, beaucoup moins que la
Elle est pour vous aider plus que pour me servir.
Je crois qu'elle vous peut seconder à ravir.

AMBROISE, à Laure.

Remerciez monsieur.

LAURE.

Ah! de toute mon âme.

AMBROISE.

Remerciez aussi madame Evrard.

LAURE.

Madame...

MADAME ÉVRARD.

Je vous dispense, moi, de tout remerciment.

M. DUBRIAGE.

Cette fille paraît assez bien.

MADAME ÉVRARD.

Ah ! vraiment.

Dès qu'Ambroise la donne !...

M. DUBRIAGE.

Allons, allons, ma chère...

Instruisez-la tout doux de ce qu'elle doit faire ;

(A part, à lui-même.)

Et vivons en repos. Je suis tout hors de moi...
Cette madame Évrard !... en vérité, je croi...

(Il sort en regardant avec intérêt madame Évrard, qui feint de n'y pas
prendre garde.)

SCÈNE VI — AMBROISE, MADAME EVRARD, LAURE.

AMBROISE.

Eh ! mais, vit-on jamais refus aussi bizarre !
Je suis fort mécontent, et je vous le déclare.

MADAME ÉVRARD.

(A Ambroise.)   (A Laure.)

Paix donc !... Un peu plus loin.

LAURE, à part, en s'éloignant.

Allons, résignons-nous.

MADAME ÉVRARD, à Ambroise.

Eh ! j'ai bien plus le droit de me plaindre de vous.
Quelle obstination !

SCÈNE VII — CHARLE, AMBROISE, MADAME ÉVRARD, LAURE.

CHARLE, de loin, à part.

Je veux savoir l'issue...

AMBROISE, à Charle.

Que voulez-vous ?

CHARLE, embarrassé.

Je viens... je viens...

LAURE, bas, à Charle.

Je suis reçue.

CHARLE, bas.

Bon.

AMBROISE.

Vous venez... pourquoi ?

CHARLE.

Pardonnez, s'il vous plaît ;
Je me retire.

MADAME ÉVRARD.

Au fond, ceci prouve son zèle.

(A Charle.)

Retournez vers monsieur, en serviteur fidèle.

CHARLE.

J'y vais.

MADAME ÉVRARD, de loin.

N'oubliez pas ce que je vous ai dit.

CHARLE.

Non, madame.

(Bas à Laure au fond du théâtre.)

Courage !

(Il sort.)

SCENE VIII — MADAME ÉVRARD, AMBROISE, LAURE toujours au fond.

MADAME ÉVRARD.

Il est tout interdit.

AMBROISE.

Refuser un sujet que j'offre!

MADAME ÉVRARD.

Belle excuse!

Proposer à monsieur des gens que je refuse!
Je vous avais prié d'attendre.

AMBROISE.

Quel discours!

En cela, comme en tout, vous remettez toujours.
Je ne veux plus attendre.

LAURE, de loin, à part.

O ciel! est-il possible!

Ma situation est-elle assez pénible!

MADAME ÉVRARD.

Par trop d'empressement vous allez tout gâter.

AMBROISE.

Vous allez réussir à m'impatienter.

MADAME ÉVRARD.

N'en parlons plus.

AMBROISE.

Je sors; j'ai mainte chose à faire.

Il faut que j'aille voir des marchands, le notaire,
Demander de l'argent...Que sais-je?... oh! quel ennui!
Quoi! s'occuper toujours des affaires d'autrui!

MADAME ÉVRARD.

Eh! vous vous occupez en même temps des vôtres.

AMBROISE.

Rien n'est plus naturel... Mais dites donc *des nôtres.*

MADAME ÉVRARD.

Des nôtres, soit.

AMBROISE.
A Laure.   (A part.)

Je sors... Allons j'ai réussi,
J'ai si bien fait, qu'enfin cette fille est ici.

(Il sort.)

SCÈNE IX — MADAME ÉVRARD, LAURE.

MADAME ÉVRARD, à part.

Oh! qu'elle me déplaît! jeune et jolie encore!...

(Haut, d'un ton sec.)

Eh bien ! vous dites donc que vous vous nommez ?

LAURE.   Laure.

MADAME ÉVRARD.

Ah !... quel âge avez-vous ?

LAURE.

Pas encor vingt ans.

MADAME ÉVRARD.   Non ?

C'est dommage. Eh ! trop jeune... oui, beaucoup trop.

LAURE.   Pardon.

Ce n'est pas ma faute...

MADAME ÉVRARD.

Ah ! c'est la mienne.

LAURE.   Madame,

Je ne dis pas cela.

MADAME ÉVRARD.

Qu'êtes-vous ! fille, femme ?

Dites.   LAURE.

Qui, moi ? jamais je ne me marierai.

MADAME ÉVRARD.

Et vous ferez fort bien. Je dois savoir bon gré
A cet Ambroise ! Il vient, sans m'avoir prévenue,
Nous amener ici d'emblée une inconnue.

LAURE.

Je me ferai connaître.

MADAME ÉVRARD.

Il sera temps alors.
Vous pourriez bien avant être mise dehors.

LAURE.

J'ose espérer que non.

MADAME ÉVRARD.

Tenez, c'est que peut-être
Ambroise avec vous seule a pu faire le maître ;
Mais il vous a trompée, à coup sûr, en ceci,
S'il ne vous a pas dit que je commande ici.

LAURE.

Je sais trop qu'en ces lieux vous êtes la maîtresse.

MADAME ÉVRARD.

Pourquoi n'est-ce donc pas à moi qu'on vous adresse ?

Mais je verrai bientôt si vous me convenez :
Car enfin c'est à moi que vous appartenez,
Et vous êtes vraiment entrée à mon service.

LAURE.

Soit.

MADAME ÉVRARD.

Jamais au premier ; tenez-vous à l'office.

LAURE.

J'entends.

MADAME ÉVRARD.

Ne faites rien sans ma permission.

LAURE.

Jamais.

MADAME ÉVRARD.

Si l'on vous donne une commission,
Instruisez-m'en toujours avant que de la faire.

LAURE.

Toujours.

MADAME ÉVRARD.

Que m'obéir soit votre unique affaire.
Allez m'attendre en bas.

LAURE.

Hélas !

MADAME ÉVRARD.

Que dites-vous ?

LAURE.

J'y vais.

MADAME ÉVRARD.

Vous raisonnez !... Sortez.   (Laure sort.)

SCÈNE X — MADAME ÉVRARD, seule.

Elle a l'air doux
Et semble assez docile... Eh ! qui peut s'y connaître ?
La peste soit d'Ambroise ! Il fait ici le maître,
Et cependant il faut encor le ménager.
Patience ! avant peu, tout cela va changer.
Si j'épouse une fois monsieur, me voilà forte :
Une heure après l'hymen, ils sont tous à la porte.

ACTE QUATRIÈME

SCÈNE I — M. DUBRIAGE, seul, s'avance en rêvant.

Cet entretien toujours me revient à l'esprit :
Je ferai bien, je crois... oui, cet hymen me rit.
Cette madame Évrard est tout à fait aimable ;
Elle est très-fraîche encor; sa taille est agréable :
Elle a les yeux fort beaux ; et ses soins caressants,
Tendres, réchaufferaient l'hiver de mes vieux ans.
Elle est d'ailleurs honnête et douce comme un ange...
Mais mon neveu ?... Ma foi, que mon neveu s'arrange.
Faudra-t-il consulter ses neveux ? Après tout,
Je puis l'abandonner, quand il me pousse à bout.
(Rêvant de nouveau.)
C'est qu'il est marié; bientôt il sera père,
Et ses nombreux enfants seront dans la misère...
C'est sa faute : pourquoi s'être ainsi marié ?
D'ailleurs, par mon hymen sera-t-il dépouillé ?
Je puis faire à ma femme un honnête avantage...
Mais, à l'âge que j'ai, songer au mariage !
Dieu sait comme chacun va rire à mes dépens !
Que résoudre ? Je suis indécis, en suspens...
Voici Charle; à propos le hasard me l'amène.

SCÈNE II — M. DUBRIAGE, CHARLE.

M. DUBRIAGE.

Un mot, Charle.

CHARLE.
J'accours.

M. DUBRIAGE.
Tu me vois dans la peine.

CHARLE.

Vous, monsieur?

M. DUBBRIAGE.
Oui, je suis dans un grand embarras

Sur un point... qu'à coup sûr tu ne devines pas.

CHARLE.

Lequel ?

M. DUBRIAGE.

Moi qui jamais n'ai voulu prendre femme,
Croirais-tu qu'à présent, dans le fond de mon âme,
J'aurais quelque penchant à former ce lien ?

CHARLE.

Pourquoi pas? Je crois, moi, que vous ferez fort bien.

M. DUBRIAGE.

Vraiment?

CHARLE.

Oui. Quoi de plus naturel, je vous prie,
Que de vous attacher une femme chérie,
Qui partage vos goûts, vos plaisirs, vos secrets?
Si cet hymen était l'objet de vos regrets,
Monsieur, que votre cœur enfin se satisfasse.

M. DUBRIAGE.

Tu ne me blâmes point?

CHARLE.

Et pourquoi donc, de grâce?
Je ne désire, moi, que de vous voir heureux.

M. DUBRIAGE.

Bon Charle !... En vérité, je suis... presque amoureux;
Non d'une jeune enfant, mais d'une femme faite,
Aimable encor pourtant, à mille égards parfaite,
Une compagne enfin, avec qui de mes jours
Tranquillement, vois-tu, j'achèverai le cours;
Madame Évrard...

CHARLE.

Eh! quoi, madame Ev...!

M. DUBRIAGE.

Elle-même.
Eh! d'où vient donc, mon cher, cette surprise extrême?

CHARLE.

Ma surprise ?

M. DUBRIAGE.

Oui; j'ai vu ton soudain mouvement :
Tu m'as paru saisi d'un grand étonnement.

A ton avis, j'ai tort de l'épouser peut-être?

CHARLE.

Monsieur... asurément... vous en êtes le maître.

M. DUBRIAGE.

Non : tu viens de piquer ma curiosité :
Explique-toi.   CHARLE.

     Qui, moi?

M. DUBRIAGE.

     Toi-même.

CHARLE.

         En vérité,
Monsieur, tant de bonté ne sert qu'à me confondre :
Dans la place où je suis, je ne puis vous répondre.

M. DUBRIAGE.

Tu blâmes cet hymen; oh! oui, je le vois bien :
Tu veux dire par là...

CHARLE.

     Monsieur, je ne dis rien.

M. DUBRIAGE.

On en dit quelquefois beaucoup plus qu'on ne pense :
Ainsi de t'expliquer, Charle, je te dispense;
Car, moi-même, aussi bien je m'étais déjà dit
Ce que tu me voudrais faire entendre. Il suffit :
N'en parlons plus. Tu peux me rendre un bon office.

CHARLE.

Trop heureux, monsieur! Charle est à votre service;
Vous n'avez qu'à parler.

M. DUBRIAGE.

     Je songe à ce neveu,
Ou plutôt à sa femme : et, je t'en fais l'aveu,
Son sort me touche : elle est peut-être sans ressource.
Je n'ai que cent louis, comptés dans cette bourse :
Je voudrais, s'il se peut, les lui faire passer.
Ils habitent Colmar. Comment les adresser?
Car, en tout ceci, moi, je ne veux point paraître.
Toi, Charle, par hasard, si tu pouvais connaître
A Colmar...

CHARLE.

     J'y connais quelqu'un, précisément.

M. DUBRIAGE.

Cet ami pourra-t-il trouver la femme Armand ?
Elle si peu connue !

CHARLE.

Il le pourra, je pense.

M. DUBRIAGE.

Tiens, prends.   CHARLE.

Mais non : plutôt que de prendre d'avance
Il vaut mieux m'informer de tout ceci, je croi :
Alors...   M. DUBRIAGE.

Soit. J'ai bien fait de m'adresser à toi.

CHARLE.

Oui.   M. DUBRIAGE.

Du fils de ma sœur, après tout, c'est la femme.
Lui-même je l'ai plaint dans le fond de mon âme ;
Je le traite encor mieux qu'il ne l'eût mérité.
Je l'aurais mille fois déjà déshérité,
Si j'eusse voulu croire à certaines personnes...
Que, sans te les nommer, peut-être tu soupçonnes.

CHARLE.

Oui, je crois...

M. DUBRIAGE.

Mais, malgré mes griefs contre Armand,
Je répugnai toujours à faire un testament :
Que l'on donne ses biens, soit ; alors on s'en prive :
Mais être généreux lorsque la mort arrive !
On ouvre un testament ; ces premiers mots sont lus :
« Je veux... » On dit encor *je veux*, quand on n'est plus !
Ma fortune, dit-on, est le fruit de mes peines...
Mais ces peines... que sais-je ? eussent été bien vaines,
Si mon oncle, en mourant, ne m'eût laissé ses biens.
A mon neveu de même il faut laisser les miens :
Qu'il les recueille donc ; et puis, s'il en abuse,
Tant pis pour lui : mais moi je serais sans excuse,
Si j'allais l'en priver. Vivant, je l'ai puni ;
C'en est assez : je meurs ; mon courroux est fini.
N'est-ce pas ?

CHARLE.

Moi, monsieur, sur une telle affaire

Je ne puis, je le sens, qu'écouter et me taire.

M. DUBRIAGE.

Ah çà, tu promets donc de faire comme il faut
Cette commission?

CHARLE.

Oui, monsieur, et plus tôt
Que vous ne pouvez croire : et même je vous quitte,
Afin de m'en aller occuper tout de suite.

M. DUBRIAGE.

Bon enfant!   (Charle sort.)

SCÈNE III —M. DUBRIAGE, LAURE.

M. DUBRIAGE, seul.

Ce garçon soulage mes ennuis :
C'est un besoin pour moi dans l'état où je suis.

LAURE, de loin, à part, amenée par Charle qui se retire.

Je tremble à son aspect... Dieu! fais que je lui plaise.

(Haut, en s'avançant.)

Monsieur...

M. DUBRIAGE.

Ah! mon enfant, c'est vous? j'en suis bien aise...
Je ne suis pas fâché de causer avec vous.

LAURE.

Moi-même j'épiais un moment aussi doux.
Il est bien naturel que l'on cherche son maître,
Pour le voir, lui parler, se faire enfin connaître.

M. DUBRIAGE.

Vous ne pouvez, je crois, qu'y gagner.

LAURE.   Ah! monsieur...

M. DUBRIAGE.

Non, c'est que vous avez le ton de la candeur,
L'air sage...   LAURE.

Ce n'est pas vertu chez une femme :
C'est devoir.

M. DUBRIAGE.

Il est vrai ; j'aime à vous voir dans l'âme
Ces principes d'honneur, cette élévation.

LAURE.

C'est l'heureux fruit, monsieur, de l'éducation :

Je le garde avec soin; c'est mon seul héritage.

M. DUBRIAGE.

Oui, c'est un vrai trésor qu'un pareil avantage :
Vous devez donc le jour à d'honnêtes parents?

LAURE.

Honnêtes, oui, monsieur; mais non pas dans le sens
Que lui donnait l'orgueil; dans le sens véritable.
Mes père et mère étaient un couple respectable,
Placé dans cette classe où l'homme dédaigné
Mange à peine un pain noir de ses sueurs baigné;
Où, privé trop souvent d'un bien mince salaire,
Un ouvrier utile est nommé *mercenaire*,
Quand on devrait bénir ses travaux bienfaisants :
Mes parents, en un mot, étaient des artisans.

M. DUBRIAGE.

Artisans ! croyez-vous qu'un riche oisif les vaille ?
Le plus homme de bien est celui qui travaille.
Poursuivez.

LAURE.

Chaque soir, aux heures de loisirs,
A me former le cœur ils mettaient leurs plaisirs.
Leurs préceptes étaient simples comme leur âme.
« Crains Dieu, sers ton prochain, et sois honnête femme. »
C'étaient là leurs seuls mots, qu'ils répétaient toujours.
Leur exemple parlait bien mieux que leurs discours.
Ils semblaient pressentir, hélas ! leur fin prochaine.
Depuis qu'ils ne sont plus, j'ai bien eu de la peine ;
Mais j'ai toujours trouvé dans l'occupation
Subsistance à la fois et consolation.

M. DUBRIAGE.

Je vois que vos parents vous ont bien élevée.
Quoi ! de tous deux déjà vous êtes donc privée ?

LAURE.

Un cruel accident tout à coup m'a ravi
Mon père, et de bien près ma mère l'a suivi.

M. DUBRIAGE.

Perdre ainsi ses parents, de tels parents encore!...
Car, sans les avoir vus, tous deux je les honore...
Ma fille, je vous plains.

LAURE.
Quel excès de bonté,
Monsieur ! Le ciel pourtant ne m'a pas tout ôté :
Il me reste un ami, mais un ami solide,
Qui m'a jusqu'à Paris daigné servir de guide.

M. DUBRIAGE.
Vous êtes de province !

LAURE.
Oui, de bien loin : aussi
J'ai mis dix jours entiers pour venir jusqu'ici.

UNE VOIX, du dehors, appelant.
Laure ! Laure !

LAURE.
Je crois qu'on m'appelle.

M. DUBRIAGE.
N'importe.
Pour vous expatrier, mon enfant, de la sorte,
Sans doute vous aviez un motif, un objet ?

LAURE.
Oh, oui, monsieur ! voici quel en est le sujet :
L'ami dont je parlais, le seul que j'aie au monde,
Et sur qui désormais tout mon bonheur se fonde,
A dans la capitale un très-proche parent :
Il m'en parlait sans cesse, et toujours en pleurant :
« Oui, me dit-il un jour, vous êtes vertueuse,
« Jeune, douce, surtout vous êtes malheureuse ;
« Il doit vous secourir, et je vous le promets. »
Je le crus : mon ami ne me trompa jamais.
Je partis avec lui, croyant suivre mon frère,
Regrettant peu des lieux où n'était plus ma mère.
Après dix jours de marche, enfin nous arrivons.

M. DUBRIAGE.
Eh bien ?

LAURE.
Mais quel accueil, ô ciel, nous éprouvons !

M. DUBRIAGE.
Il vous aurait reçue avec indifférence ?

LAURE.
Ah ! monsieur, nous aurions encor quelque espérance,

S'il avait seulement voulu nous recevoir.

M. DUBRIAGE.

Quoi ! ce proche parent ?

LAURE.

N'a pas daigné nous voir.

M. DUBRIAGE.

Que dites-vous ? cet homme a donc un cœur de roche !...

LAURE.

Ce n'est pas le moment de lui faire un reproche.
Non, il n'est point cruel ; il est humain et bon ;
Et sans des étrangers maîtres de la maison...

M. DUBRIAGE.

Il est bon, dites-vous ? Eh ! c'est faiblesse pure !
Rien doit-il, rien peut-il étouffer la nature ?
Je veux voir ce parent ; ensemble nous irons :
Cet homme est inflexible, ou nous l'attendrirons.

LAURE.

Ah ! monsieur, je commence à le croire possible :
Je me flatte, en effet, qu'il n'est point insensible ;
Et, fût-il contre nous encore plus aigri,
Oui, nous l'attendrirons : je vous vois attendri !

M. DUBRIAGE, voyant venir madame Évrard.

Chut !

SCÈNE IV — M. DUBRIAGE, LAURE, MADAME EVRARD.

MADAME ÉVRARD, de loin, à part.

Encor là !

M. DUBRIAGE, un peu embarrassé, à madame Évrard.

C'est vous ! quel sujet vous amène,
Madame ?

MADAME ÉVRARD.

Je le vois, ma présence vous gêne.

M. DUBRIAGE.

Comment ?

MADAME ÉVRARD.

Que sais-je enfin...? Mais c'est moi qui pourrais
Vous demander quels sont les importants secrets
Que vous confie encore ici mademoiselle.

Depuis une heure au moins, vous causez avec elle ;
Et ces mystères-là me surprennent un peu.

M. DUBRIAGE, d'un ton faible.

Pourquoi, madame Evrard? Eh! oui, j'en fais l'aveu,
J'aime à l'entretenir : ne suis-je pas le maître ?..
Et puis, j'étais bien aise enfin de la connaître :
Je ne m'en repens pas.

MADAME ÉVRARD.

      Oui, je vois que d'abord
Sa conversation vous intéresse fort.

M. DUBRIAGE.

J'en conviens! et vraiment vous en serez surprise.

MADAME ÉVRARD.

Fort bien; mais ce n'est pas pour causer qu'on l'a prise.

M. DUBRIAGE.

Soit. Elle me parlait de l'éducation...

MADAME ÉVRARD.

Allons ! c'est bien cela dont il est question !
(A Laure.)
Descendez à l'instant.

LAURE.

     Que faut-il que je fasse?

MADAME ÉVRARD.

Marthe va vous le dire. Allez donc.

(Laure sort.)

SCÈNE V — M. DUBRIAGE, MADAME EVRARD.

M. DUBRIAGE.

       Ah! de grâce,
Parlez-lui doucement : elle est timide.

MADAME ÉVRARD.

       Bon !

M. DUBRIAGE.

Elle paraît sensible.

MADAME ÉVRARD.

     Eh ! qui vous dit que non ?...
(Se radoucissant.)
D'ailleurs, à votre avis, suis-je donc si méchante ?

M. DUBRIAGE.

Non..., mais c'est que vraiment elle est intéressante ;
Elle a...   MADAME ÉVRARD.

De la douceur peut-être, j'en convien...
Mais rappelons, monsieur, cet aimable entretien,
Ces mots charmants qu'allait exprimer votre bouche...

M. DUBRIAGE.

Ce n'est pas seulement sa douceur qui me touche ;
C'est qu'elle a de la grâce, un choix de termes purs,
Surtout de la sagesse et des principes sûrs.

MADAME ÉVRARD.

Oui, je le crois... Tantôt, ou je me suis trompée,
Ou d'un grand mouvement votre âme était frappée.

M. DUBRIAGE.

Cette fille a vraiment un mérite accompli.

MADAME ÉVRARD.

Vous ne parlez que d'elle, et semblez tout rempli...
Un moment vous a-t-il fait perdre la mémoire
Des discours de tantôt ?...

M. DUBRIAGE.

Non : pourriez-vous le croire ?...
Je vous suis attaché... Mais quoi ! les mots touchants
De cette enfaut...

MADAME ÉVRARD.

Encor ! c'est se moquer des gens.

M. DUBRIAGE.

Vous avez de l'humeur.

MADAME ÉVRARD.

Oui, je m'impatiente
De voir que vous parlez toujours d'une servante.

M. DUBRIAGE.

C'est qu'elle est au-dessus vraiment de son état ;
Elle a je ne sais quoi de doux, de délicat...

MADAME ÉVRARD.

Oh, c'en est trop ! S'il faut dire ce que j'en pense,
Cette fille me blesse et me déplaît d'avance.

M. DUBRIAGE.

Eh pourquoi ?

MADAME ÉVRARD.

Je ne sais... mais elle me déplaît :
Je vous dis nettement la chose comme elle est.
Elle n'est bonne à rien, d'ailleurs, à rien qui vaille ;
Et je crois qu'il vaut mieux d'abord qu'elle s'en aille.

M. DUBRIAGE.

Qu'elle s'en aille ! Qui, Laure?

MADAME ÉVRARD.

Oui.

M. DUBRIAGE.

Vous plaisantez !

MADAME ÉVRARD.

Moi! point du tout.

M. DUBRIAGE.

Comment !...

MADAME ÉVRARD.

Ainsi vous hésitez,
Et vous me préférez la première venue,
Qu'à peine, en ce moment, vous connaissez de vue!

M. DUBRIAGE.

Non. Mais quoi! je ne puis chasser ainsi...

MADAME ÉVRARD.   Fort bien!

C'est votre dernier mot?... Et moi, voici le mien :
Il faut que sur-le-champ l'une de nous deux sorte.

M. DUBRIAGE.

Eh quoi ! pouvez-vous bien me parler de la sorte?

MADAME ÉVRARD.

Vous-même entre nous deux pouvez-vous balancer?

M DUBRIAGE.

Mais je puis vous chérir, et ne point la chasser.

MADAME ÉVRARD.

Non, monsieur : chassez Laure, ou bien...

M. DUBRIAGE.

Quelle rudesse !

MADAME ÉVRARD.

Qu'elle sorte, ou je sors.

M. DUBRIAGE, en colère.

Vous êtes la maîtresse ;

Mais elle restera.

MADAME ÉVRARD.
Plaît-il ?

M. DUBRIAGE.
Oui, sur ce ton.
Puisque vous le prenez, je la garde.

MADAME ÉVRARD.
Pardon,
Monsieur ! Mais...

M. DUBRIAGE.
Non. J'entends qu'ici Laure demeure.
Si cela vous déplaît, sortez... à la bonne heure :
Voilà mon dernier mot.

(Il sort très en colère.)

SCÈNE VI — MADAME ÉVRARD, seule.
L'ai-je bien entendu ?
Est-ce donc là monsieur ?... Comment ! j'aurais perdu,
En ce fatal instant, le fruit de dix années...
Quand je touche au moment de les voir couronnées !
(Après un moment de repos.)
Il m'a dit tout cela dans un premier transport
Qui pourra se calmer... N'importe, j'ai grand tort.
Menacer, m'emporter, quelle imprudence extrême !
J'en avertis Ambroise, et j'y tombe moi-même.
S'il en est temps encore, revenons sur nos pas.

SCÈNE VII — MADAME ÉVRARD, CHARLE.
MADAME ÉVRARD.
Mon ami Charle !...

CHARLE.
Eh bien ?

MADAME ÉVRARD.
Ah ! vous ne savez pas ?...
Avec monsieur je viens d'avoir une querelle...

CHARLE.
Quoi ? vous ! A quel propos, madame ?

MADAME ÉVRARD.
A propos d'elle,
De Laure.

CHARLE.

Est-il possible ?

MADAME ÉVRARD.

Eh ! sans doute : j'ai dit
Qu'il fallait qu'à l'instant l'une de nous sortît.
Mais point du tout ; monsieur, qui la protége et l'aime,
M'a dit... (le croiriez-vous ?) « Eh bien, sortez vous
Et là-dessus, il est rentré fort en courroux. [même ; »

CHARLE.

Vous m'étonnez ! Aussi comment le fâchez-vous ?
Monsieur est bon maître, oui ; mais enfin c'est un maît_e.

MADAME ÉVRARD.

J'en conviens, mon ami, j'ai quelque tort peut-être ;
Mais cette fille-là me choque et me déplaît.

CHARLE.

Quel est son crime, au fond ? Que vous a-t-elle fait ?
Monsieur accepte Laure ; il paraît content d'elle,
Et vous le tourmentez pour une bagatelle.

MADAME ÉVRARD.

Le mal est fait : voyons, comment le réparer ?

CHARLE.

Aisément de ce pas vous saurez vous tirer.
Une fois de monsieur quand vous serez l'épouse,
De Laure assurément vous serez peu jalouse.

MADAME ÉVRARD.

A cet hymen tantôt j'ai cru le disposer :
Mais voici que tout change. Avant de l'épouser,
Il faut bien qu'avec lui je me réconcilie.

CHARLE.

Oui, j'entends.   MADAME ÉVRARD.

Aidez-moi, mon cher, je vous supplie.

CHARLE.

Vous n'avez pas besoin du tout de mon secours ;
Et vous seule bientôt...

MADAME ÉVRARD.

Secondez-moi toujours...
Il revient déjà... Bon.

CHARLE.

Il rêve, ce me semble.

MADAME ÉVRARD.   [semble.
Tant mieux. J'espère encor... Laissez-nous donc en-
  (Seule.)   (Charle sort.)
Voyons.
  (Elle se tient à l'écart, et s'assied accoudée sur une table.)

SCÈNE VIII — M. DUBRIAGE, MADAME ÉVRARD.

M. DUBRIAGE, se croyant seul.
Personne ici!... Je suis bien malheureux!
Je suis bon à mes gens, et je fais tout pour eux;
Je suis leur père... Eh bien! voyez la récompense!
Madame Évrard aussi... Cependant, quand j'y pense,
Moi, j'ai pris feu peut-être un peu légèrement.
(Madame Évrard tire vite son mouchoir et s'en couvre le visage, comme
pour essuyer ses larmes.)
Cette femme est sensible ; et véritablement,
C'est la première fois qu'elle s'est emportée...
Je le confesse, oh ! oui, je l'ai trop maltraitée.

MADAME ÉVRARD, éclatant en sanglots.
Oui, sans doute.   M. DUBRIAGE.
              Ah! c'est vous, bonne madame Évrard?

MADAME ÉVRARD, levée, sanglotant toujours.
Moi-même, dont, hélas! sans pitié, sans égard,
Vous avez déchiré l'âme sensible et tendre.
A ce traitement-là j'étais loin de m'attendre,
Après dix ans de soins, de tendresse...

M. DUBRIAGE.   En effet :
Moi-même je ne sais comment cela s'est fait...

MADAME ÉVRARD.
Après ce coup, je puis supporter tout au monde,
Et dans une retraite ignorée et profonde...

M. DUBRIAGE.
Quoi! vous songez encore à ce qui s'est passé?

MADAME ÉVRARD.
Jamais le souvenir n'en peut être effacé.

M. DUBRIAGE.
Que dites-vous, madame? oublions, je vous prie,
Cette petite scène, et plus de brouillerie.

MADAME ÉVRARD.

Ah ! monsieur, je vois bien que vous ne m'aimez plus :
Je ferais désormais des efforts superflus...

M. DUBRIAGE.

Eh non ! madame Évrard, je suis toujours le même,
Toujours, plus que jamais, croyez que je vous aime.

MADAME ÉVRARD.

Si vous m'aimiez un peu, pourriez-vous me chasser !

M. DUBRIAGE.

Avez-vous pu vous-même ainsi me menacer ?
Nous sommes vifs tous deux... Allons, point de rancune,
De part et d'autre ; moi, je n'en conserve aucune :
Vous non plus, n'est-ce pas ?

MADAME ÉVRARD.

                Tenez, monsieur, je crains
Que Laure ne nous donne ici quelques chagrins.

M. DUBRIAGE.

Ah ! pouvez-vous le craindre ? Elle en est incapable :
Tout annonce qu'elle est et douce et raisonnable.
Vous en serez contente, allez, je vous promets.

MADAME ÉVRARD.

Vous tenez donc beaucoup à cette fille ?

M. DUBRIAGE.

                      Eh mais !...
Ambroise l'a donnée ; et c'est lui faire injure
Que de la renvoyer : ainsi, je vous conjure,
N'en parlons plus ; cessez d'insister sur ce point :
Surtout, madame Evrard, ne m'abandonnez point.

MADAME ÉVRARD.

J'en avais fait le vœu ; mais depuis cette affaire,
Je ne sais trop...

M. DUBRIAGE.

          Comment, vous balancez, ma chère !
Je vous en prie.

MADAME ÉVRARD.

         Allons : c'en est fait ; je me rends.

M. DUBRIAGE.

Charmante femme !

SCÈNE IX — M. DUBRIAGE, MADAME ÉVRARD, AMBROISE, LAURE.

AMBROISE.

Eh bien ! qu'est-ce donc que j'apprends ?
Madame Évrard menace, et veut que Laure sorte.
Oh ! je déclare...

M. DUBRIAGE.

Allons, le voilà qui s'emporte,
Comme à son ordinaire !

MADAME ÉVRARD.

Oui, nous sommes d'accord ;
Vous serez satisfait, et personne ne sort.

(Elle sort.)

SCÈNE X — M. DUBRIAGE, AMBROISE, LAURE.

AMBROISE.

Elle rit : par hasard serait-ce moi qu'on joue ?

M. DUBRIAGE.

Eh non ! nous avons eu tous deux, je te l'avoue,
Même au sujet de Laure, un petit démêlé ;

(Il appuie sur ce mot.)

Mais il n'y paraît plus. En maître j'ai parlé :
Laure nous reste.

AMBROISE.

Ah ! bon.

M. DUBRIAGE.

Moi, j'aime cette fille :
Je la garde.

LAURE.

Monsieur !...

AMBROISE.

Elle est douce et gentille,
N'est-ce pas ?

M. DUBRIAGE.

Mais elle est bien mieux que tout cela :
On n'a pas plus d'esprit, de raison qu'elle en a.

AMBROISE.

Oh ! j'en étais bien sûr, quand je vous l'ai donnée ;
Sans quoi je n'aurais pas...

M. DUBRIAGE.

C'est qu'elle est très-bien née ;
J'entends bien élevée. Il ne tiendra qu'à vous,
Laure, d'être longtemps... mais toujours, avec nous.

LAURE.

Ah ! mon... monsieur, croyez que ma plus chère envie
Est de pouvoir ici passer toute ma vie.

AMBROISE.

Oh ! vous y resterez, en dépit qu'on en ait :

(Il se reprend.)

C'est moi qui vous... je dis, monsieur vous le promet.

(Il sort.)

SCÈNE XI — M. DUBRIAGE, LAURE.

M. DUBRIAGE.

Oui, je vous le promets. Ne craignez rien, ma chère :
Mais à madame Evrard tâchez pourtant de plaire...
Je songe à ce parent ; je voudrais voir aussi
Cet ami de province avec lequel ici
Vous êtes arrivée.

LAURE.

Ah ! qu'il aura de joie,
Si vous daignez, monsieur, permettre qu'il vous voie.

M. DUBRIAGE.

J'en augure très-bien, puisque vous l'estimez.
Est-il jeune ?

LAURE.

Oui, monsieur.

M. DUBRIAGE.

Ah ! jeune... Vous l'aimez ?

LAURE, simplement.

Oui, monsieur, en l'aimant j'obéis à ma mère.
« Aime-la, lui dit-elle en mourant ; sois son frère. »
Il le promit : depuis il a tenu sa foi ;
Père, ami, protecteur, guide, il est tout pour moi.

M. DUBRIAGE.

Ce jeune homme à mes yeux est vraiment respectable ;
Et son cruel parent ?...

LAURE.

Peut-être est excusable :
Car il ne connaît point mon ami ; mais enfin
Il se fera connaître ; et ce n'est pas en vain
Que nous serons venus du fond de notre Alsace...

M. DUBRIAGE.

D'Alsace ? dites-vous... Le quel endroit, de grâce ?

LAURE.

De Colmar.

M. DUBRIAGE.

De Colmar !

LAURE.

Oui, monsieur.

M. DUBRIAGE.

Dites-moi,
Vous avez à Colmar garnison, que je croi ?

LAURE.

Cui, monsieur...

M. DUBRIAGE.

Je connais quelqu'un dans cette ville,
Un soldat : mais comment démêler entre mille ?
Après tout, que sait-on...? Il se nommait Armand...

LAURE.

Je le... connais.

M. DUBRIAGE.

Ah, ah ! par quel hasard, comment ?...

LAURE.

Par un hasard, monsieur, qui jamais ne s'oublie.
Ce jeune homme à mon père avait sauvé la vie :
Jugez si le sauveur d'un père, d'un époux,
Devait avec transport être accueilli de nous !
L'estime se joignit à la reconnaissance.
Nous vîmes qu'il était d'une honnête naissance :
Plein de cœur et d'esprit, brave et zélé soldat,
Comme s'il eût par goût embrassé cet état ;
Et pourtant doux, honnête...

M. DUBRIAGE, à lui-même.

Oh ! oui... le bon apôtre !

(A Laure.)

C'est assez ; je vois bien que vous parlez d'un autre.

LAURE.

Cet Armand-là, monsieur, n'est pas le même ?...

M. DUBRIAGE.

Oh ! non :

Le mien, qui ne ressemble au vôtre que de nom,
Est un mauvais sujet, sans raison, sans conduite ;
Il s'enfuit un beau jour, et s'engage par suite,
Puis se marie, épouse une fille de rien,
Dont le moindre défaut fut de naître sans bien,
Qui menait une vie avant son mariage !...

LAURE, très-vivement.

Monsieur, rien n'est plus faux ; je réponds qu'elle est
[sage.

Elle s'est, je l'avoue, éprise d'un soldat,
Mais estimable, honnête, ainsi que son état :
Elle le vit, l'aima du vivant de son père ;
Il lui fut accordé par sa mourante mère ;
Elle l'aime ; il l'adore, et jusques aujourd'hui,
Elle a toujours vécu sagement avec lui.
Ce qu'on a pu vous dire est un mensonge infâme ;
Oui, l'épouse d'Armand est une honnête femme.

M. DUBRIAGE.

Mais vous la défendez !...

LAURE.

C'est moi que je défend.

M. DUBRIAGE.

C'est vous !...

LAURE, toujours en colère.

Eh ! oui, je suis cette femme d'Armand.

M. DUBRIAGE.

Quoi ! vous seriez ?...

LAURE, à part et revenant à elle.

O ciel ! je me trahis moi-même.

M. DUBRIAGE.

Vous ma nièce, bon Dieu !... Ma surprise est extrême.

LAURE, aux genoux de M. Dubriage.

Oui, monsieur, vous voyez cette triste moitié
D'un neveu malheureux trop digne de pitié.
Moi-même à vos genoux je suis toute tremblante.
Et votre seul aspect me glace d'épouvante.

M. DUBRIAGE.

Relevez-vous, madame, et calmez vos esprits.
Tantôt, de votre air doux, de vos grâces épris,
Je vous trouvais aimable, et vous l'êtes encore.
Repousser une nièce, ayant accueilli Laure,
Ce serait à la fois être injuste et cruel.
Votre époux à mes yeux n'est pas moins criminel.
Mais quoi! s'il m'a manqué, vous n'êtes point coupable,
Et votre sort déjà n'est que trop déplorable,
D'être la femme d'un...

LAURE.

Ah ! soyez généreux:
C'est mon époux ; il est absent et malheureux.

SCÈNE XII — M. DUBRIAGE, LAURE, CHARLE.

M. DUBRIAGE.

Ah ! Charle, conçois-tu les transports de mon âme ?
Voilà ma nièce.

CHARLE.

O ciel ! se pourrait-il? madame
Serait?...

M. DUBRIAGE.

C'est au hasard que je dois cet aveu...
Ma nièce, te dis-je, oui, femme de ce neveu
Dont je parlais tantôt, qui m'a fait tant de peine!
Mais pour elle, après tout, je ne sens nulle haine ;
Et d'abord sur ce point j'ai su la rassurer.

CHARLE, se ranimant.

Ah! monsieur, est-il vrai? je n'osais l'espérer...
Si vous saviez quelle est en ce moment ma joie !
Eh quoi! le ciel enfin permet donc que je voie
A vos côtés... quelqu'un qui vous touche de près...
Presque un enfant !... voilà ce que je désirais.

M. DUBRIAGE.

Charle, je suis sensible à ces marques de zèle.

(A Laure.)

C'est un digne garçon, un serviteur fidèle,
Qui m'aime tout à fait, qui me sert d'amitié.

CHARLE.

Dans vos chagrins, monsieur, si je fus de moitié,
J'ai droit de partager aussi votre allégresse :
Car vous avez sans doute, en voyant une nièce,
Dû sentir une vive et douce émotion.

M. DUBRIAGE.

Je ne m'en défends point : mais cette impression
Par d'amers souvenirs est bien empoisonnée.
Cette nièce, par qui m'a-t-elle été donnée ?
Par un ingrat, qui m'a mille fois outragé...

(A Laure.)

Je vous fais de la peine, et j'en suis affligé ;
Mais mon cœur ne se peut contenir davantage.

LAURE.

Hélas ! continuez, si cela vous soulage.

CHARLE.

Moi, je ne puis juger que par ce que je vois,
Et je vois que du moins il a fait un bon choix.

M. DUBRIAGE.

De sa part, en effet, un tel choix est étrange.

LAURE.

Épargnez mon époux, ou trêve à la louange.

CHARLE.

Oui, ce discernement, monsieur, lui fait honneur,
Prouve qu'il est honnête, et qu'il a dans le cœur
Le goût de la vertu : c'est un grand point, sans doute.

M. DUBRIAGE.

C'est assez.

CHARLE.

Un seul mot encor.

M. DUBRIAGE.

Eh bien ! j'écoute.

CHARLE.

Il ne m'appartient pas de le justifier :

Mais, au moins, des rapports il faut se défier.
De ce pauvre neveu l'on vous peignait la femme
Sous d'affreuses couleurs, et vous voyez madame !

M. DUBRIAGE.

Oüi, parlons de la nièce, et laissons le neveu.

(Se reprenant.)

Mais j'ai fait devant Charle un indiscret aveu ·
Du premier mouvement je n'ai pas été maître ;
Mon ami, gardez-vous de rien faire paraître...

CHARLE.

Ah ! monsieur... cependant il faudra tôt ou tard...

M. DUBRIAGE.

Il n'importe, mon cher ; avec madame Évrard
J'ai des ménagements à garder ; et vous, Laure,
Rejoignez-la, sachez dissimuler encore.

LAURE.

Oui, mon oncle.

M. DUBRIAGE.

Fort bien !

(Avec tendresse, après une petite pause.)

D'un malheureux neveu,
Je vois, ma chère enfant, que vous me tiendrez lieu.

LAURE.

Cher oncle ! ce neveu que votre haine accable...
Pardonnez... à vos yeux il est donc bien coupable ?

M. DUBRIAGE.

S'il l'est, l'ingrat !... Tenez... de grâce... sur ce point
Expliquons-nous d'avance, et ne nous trompons point.
Une fois reconnue, et même avec tendresse,
Peut-être espérez-vous, par vos soins, votre adresse,
Pour votre époux bientôt obtenir le pardon ;
Vous vous trompez : je puis être juste, être bon
Pour vous, aimable, douce, en un mot, innocente,
Sans qu'à revoir Armand de mes jours je consente.
Vous m'entendez, ma nièce : ainsi donc, voulez-vous
Rester ici ? jamais un mot de votre époux,
Pas un.

LAURE.

J'obéirai, monsieur, quoi qu'il m'en coûte.

M. DUBRIAGE.

Il en coûte à mon cœur pour vous blesser, sans doute;
Mais il le faut : je veux vivre et mourir en paix.
Me le promettez-vous ?

LAURE.

Oui, je vous le promets,
Mon cher oncle.

M. DUBRIAGE.

Fort bien : mais descendez, vous dis-je.

LAURE.

J'y vais.

M. DUBRIAGE, à part.

C'est à regret, hélas ! que je l'afflige.

(Haut.)
Suis-moi, Charle.

(Il sort.)

SCÈNE XIII — LAURE, CHARLE.

CHARLE, bas, à Laure.

Courage ! espérons tout du ciel :
Te voilà reconnue, et c'est l'essentiel.

(Ils sortent, chacun de son côté.)

ACTE CINQUIÈME

SCÈNE I — CHARLE, GEORGE.

GEORGE.

Non, vous avez beau dire, et plus tôt que plus tard,
Il faut brouiller Ambroise avec madame Evrard :
Je vais donc le trouver, et lui faire connaître
Que sa future aspire à la main de son maître.

CHARLE.

C'est trahir un secret.

GEORGE.

Bon ! il est bien permis
De chercher à brouiller entre eux ses ennemis.
Ambroise, à ce seul mot, va s'emporter contre elle.
Il en doit résulter une bonne querelle ;
Et tant mieux ! j'aime à voir quereller les méchants ;
C'est un repos du moins pour les honnêtes gens.
Laissez faire.

(Il sort.)

SCÈNE II — CHARLE, seul.

Quel zèle à me rendre service !
Quel ami ! Le méchant peut trouver son complice ;
Mais il n'est ici-bas, et le ciel l'a permis,
Que les honnêtes gens qui puissent être amis.

SCÈNE III — MADAME ÉVRARD, CHARLE.

MADAME ÉVRARD.

Ah ! Charle, ah ! mon ami, savez-vous la nouvelle,
La découverte affreuse ?...

CHARLE.

Affreuse ? Eh ! quelle est-elle,
Madame ?

MADAME ÉVRARD.

Cette Laure est femme du neveu.

CHARLE.

Comment ?

MADAME ÉVRARD.

Eh oui ! l'on vient de m'en faire l'aveu
A l'instant.

CHARLE.

Bon ! Qui donc a pu ?

MADAME ÉVRARD.

Monsieur lui-même
Et ce n'a pas été sans une peine extrême.
Je l'ai vu tout à coup distrait, embarrassé ;
Car j'ai le coup d'œil sûr ; et je l'ai tant pressé
(A cet âge on n'a pas la force de se taire),

Qu'enfin j'ai pénétré cet horrible mystère.

CHARLE.

C'est la nièce !

MADAME ÉVRARD.

Ah ! l'instinct ne saurait nous trahir !
Vous voyez si j'avais sujet de la haïr !
Quand je touche au moment d'être ici la maîtresse,
Quand je vais épouser, il faut qu'elle paraisse !
Car j'aurai fait en vain jouer mille ressorts :
Si Laure reste ici, mon ami, moi j'en sors.

CHARLE.

Eh mais !...

MADAME ÉVRARD.

Vous-même aussi ; nous sortons l'un et l'autre ;

CHARLE.

Vous croyez ?

MADAME ÉVRARD.

Oui, ma chute entraînera la vôtre ;
La protectrice à bas, adieu le protégé.

CHARLE.

Je voudrais bien pourtant n'avoir pas mon congé,

MADAME ÉVRARD.

Il n'en est qu'un moyen : arrangeons-nous de sorte,
Qu'au lieu de nous, mon cher, ce soit elle qui sorte

CHARLE.

Elle qui sorte ?

MADAME ÉVRARD.

Eh oui !

CHARLE.

Mais vous n'y pensez pas.

MADAME ÉVRARD.

C'est l'unique moyen de sortir d'embarras.
Il faudra soutenir qu'elle n'est pas la nièce,
Et même le prouver.

CHARLE.

Ah Dieu ! quelle hardiesse !...
Mais quels sont pour cela vos moyens ?

MADAME ÉVRARD.

Tout est prêt.

Armand va nous servir...

CHARLE.

Et comment, s'il vous plaît ?

MADAME ÉVRARD.

Armand va, de Colmar, écrire que sa femme
Est là-bas, près de lui.

CHARLE.

Qu'entends-je ? Ah ciel ! madame...
Contrefaire une lettre ?

MADAME ÉVRARD.

Oh que non pas : d'abord,
Ce faux serait, je pense, un trait un peu trop fort,
Ce serait une vaine et grossière imposture ;
Car monsieur du neveu connaît bien l'écriture :
Mais, comme vous savez, j'ai des lettres d'Armand,
Et j'en montre une.

CHARLE.

Bon !

MADAME ÉVRARD.

Oui : Julien à l'instant
Va l'apporter.

CHARLE.

Eh mais, la date ?...

MADAME ÉVRARD.

Je la change.
Ambroise, en paraissant venir de chez Lagrange,
Va, par un faux récit, porter les premiers coups.
J'affecterai d'abord l'air incrédule et doux ;
Mais j'appuie en effet, et je montre la lettre :
La nièce partira, j'ose bien le promettre.

CHARLE.

Soit. Mais à des papiers, car elle en peut avoir,
Que répliquerez-vous ? je voudrais le savoir.

MADAME ÉVRARD.

Il ne la verra point.

CHARLE.

En êtes-vous bien sûre ?

MADAME ÉVRARD.

Oui, si vous nous aidez. Sachez, je vous conjure,

La retenir là-bas, tandis qu'Ambroise et moi
Nous nous chargeons ici de monsieur.

CHARLE.

Bien, ma foi !
Madame, j'aurai soin de ne pas quitter Laure.

MADAME ÉVRARD.

Voici monsieur : je dois dissimuler encore;
Allez.

CHARLE, à part.

Je vais... parer à ce coup imprévu.

(Il sort.)

SCÈNE IV — MADAME ÉVRARD,
M. DUBRIAGE.

MADAME ÉVRARD.

(A part.)   (Haut.)
Ne désespérons pas... Vous semblez bien ému?

M. DUBRIAGE.

Mais mon émotion est assez naturelle.

MADAME ÉVRARD.

Très-naturelle, oh! oui!... Madame, où donc est-elle?

M. DUBRIAGE.

Dans ma chambre; elle écrit. Elle est bien, entre nous,
Très-bien.

MADAME ÉVRARD.

Pour en juger, je m'en rapporte à vous.

M. DUBRIAGE.

Comme vous aviez pris le change sur son compte!
Convenez-en.

MADAME ÉVRARD.

D'accord; oui, vraiment : j'en ai honte
Pour ceux qui m'ont trompée. On se prévient d'abord
Pour ou contre les gens, et souvent on a tort.

M. DUBRIAGE.

Si sur Armand lui-même, et pendant son absence,
Nous étions abusés?

MADAME ÉVRARD.

Ah! quelle différence!

Nous ne sommes que trop instruits de ses excès.
Eh! n'avons-nous pas vu ses lettres?

M. DUBRIAGE.

Je le sais...
Des torts d'Armand, au reste, elle n'est pas coupable,
La pauvre enfant!

MADAME ÉVRARD.

Oh, non! Vous êtes équitable,
Et ne confondez point le bon et le méchant.

M. DUBRIAGE.

Elle est bonne, en effet; elle a l'air si touchant!...

MADAME ÉVRARD.

Oui, qui prévient pour elle: il faut que j'en convienne;
Et d'ailleurs il suffit qu'elle vous appartienne,
Pour m'être chère à moi.

M. DUBRIAGE.

Voilà bien votre cœur!

MADAME ÉVRARD.

Hélas! je ne veux rien, rien que votre bonheur.

M. DUBRIAGE.

Chère madame Evrard!... Mais Ambroise s'avance
Fort agité...

MADAME ÉVRARD.

C'est là sa manière, je pense.

SCÈNE V — M. DUBRIAGE, MADAME ÉVRARD, AMBROISE

M. DUBRIAGE.

Qu'avez-vous, Ambroise?

AMBROISE.

Ah!... J'étouffe de courroux!
On m'a trompé... Que dis-je! On nous a trompés tous.
Cette Laure, qu'ici l'on me fait introduire...

MADAME ÉVRARD.

Eh! mon Dieu, nous savons ce que vous voulez dire.

AMBROISE.

Vous sauriez déjà?

MADAME ÉVRARD.

Tout; et ce n'est pas, je crois,

De quoi tant se fâcher, Ambroise.

AMBROISE.

Pas de quoi !

Comment, lorsque j'apprends?...

MADAME ÉVRARD.

Oui, que madame Laure

Est nièce de monsieur...

AMBROISE.

Vous vous trompez encore ;

Elle n'est point sa nièce.

M. DUBRIAGE.

Elle n'est pas?...

AMBROISE.

Eh! non.

Je sors de chez Lagrange; il m'a tout dit.

MADAME ÉVRARD.

Quoi donc ?

AMBROISE.

Il m'a dit que d'Armand Laure n'est point la femme,
Mais une aventurière.

MADAME ÉVRARD.

Allons!

AMBROISE.

Paix donc, madame !

MADAME ÉVRARD.

Mais comment écouter des contes?

AMBROISE.

Un moment.

Elle est bien de Colmar; elle connaît Armand.
Sans peine elle aura su qu'à Paris ce jeune homme
Avait un oncle riche; elle entend qu'on le nomme :
Elle écoute, s'informe, et recueille avec soin
Tous les renseignements dont elle aura besoin :
Elle part; de Paris elle fait le voyage,
Et s'offre comme nièce à monsieur Dubriage.

M. DUBRIAGE.

O ciel! qu'entends-je? eh mais!...

MADAME ÉVRARD.

Il se pourrait, monsieur...

M. DUBRIAGE.

Non, Ambroise se trompe, et l'air seul de candeur...

AMBROISE.

De candeur! c'est encor ce que m'a dit dit Lagrange :
Elle connaît son monde, et là-dessus s'arrange :
Elle sait que monsieur est un homme de bien,
Un sage; elle a dès lors composé son maintien,
Et vient jouer ici la vertu, l'innocence.

MADAME ÉVRARD.

Quoi! ce serait un jeu que cet air de décence?
Il est vrai que d'Armand elle parle fort peu.

M. DUBRIAGE.

J'ai défendu qu'on dît un seul mot du neveu.

AMBROISE.

Si c'était son époux, vous obéirait-elle?

MADAME ÉVRARD.

A semblable promesse on n'est pas très-fidèle.
Où donc est ce neveu?

AMBROISE.

                    Preuve encor que cela :
Si Laure était sa femme, il serait bientôt là.

MADAME ÉVRARD.

En effet, il devrait...

M. DUBRIAGE.

                    Il n'oserait, madame.

AMBROISE.

Il eût osé déjà si Laure était sa femme.

M. DUBRIAGE.

Mais quel fut son espoir? car pour moi je m'y perd..
Ce secret tôt ou tard se serait découvert.

AMBROISE.

Elle eût, en attendant, su vous tirer peut-être
Quelques louis, et puis un beau jour disparaître.

MADAME ÉVRARD.

Ce ne sont encor là que des présomptions.

M. DUBRIAGE.

C'est un point qu'il est bon que nous éclaircissions :
Il faudrait...

AMBROISE.

La chasser.

MADAME ÉVRARD.

Oh non! il faut attendre,
On ne condamne point les gens sans les entendre :
(A M. Dubriage.)
N'est-il pas vrai, monsieur?

M. DUBRIAGE.

Sans doute... Appelons-la :
Nous allons voir du moins ce qu'elle répondra :

MADAME ÉVRARD.

Fort bien! J'entends quelqu'un... Que viens-tu me remet-
Petit Julien?   [tre,

JULIEN.

Madame, eh mais! c'est une lettre.

MADAME ÉVRARD.

(Julien sort.)
Donne donc... Ah! je vois le timbre de Colmar.

M. DUBRIAGE.

De Colmar, dites-vous?... Serait-ce par hasard
Une lettre d'Armand? Enfin il s'en avise!...
Eh! que peut-il m'écrire?

MADAME ÉVRARD.

Encor quelque sottise !
A votre place, moi je ne la lirais pas.

M. DUBRIAGE.

Cette lettre pourra me tirer d'embarras.
Lisez.

MADAME ÉVRARD.

Lisez vous-même.

M. DUBRIAGE lit.

Ah! j'ai peine à comprendre...

MADAME ÉVRARD.

Quoi?   M. DUBRIAGE.

Cette lettre va vous-même vous surprendre.
Venez, vous allez voir : écoutez un moment.
(Lisant.)
« Mon cher oncle. » Ah! cher oncle! il est bien temps
                                                [vraiment!

« Pour la vingtième fois j'ose encor vous écrire... »
(S'interrompant.)
Madame, que dit-il ? pour la vingtième fois !...
Vingt lettres !

MADAME ÉVRARD.
Je ne sais : je n'en ai vu que trois...
Mais quoi! voulez-vous bien continuer de lire,
Monsieur?

M. DUBRIAGE continuant de lire.
« En ce moment, Laure est à mes côtés;
« Elle veut que j'implore encore vos bontés.
« Aisément, je l'avoue, elle me persuade...
« Trop chère épouse, hélas! Elle est un peu malade.
« Mais quoi! c'est le chagrin d'être ainsi loin de vous.
« Quand pourrons-nous tous deux embrasser vos genoux
« Mon oncle! quels transports seraient alors les nôtres!...
(Fermant la lettre.)
Mais cette lettre-là n'est pas du ton des autres.

MADAME ÉVRARD.
Qu'importe! je ne vois qu'une chose en ceci :
Si Laure est à Colmar, elle n'est pas ici.

AMBROISE.
Parbleu! je disais bien que ce n'était pas elle.
Vous voyez si j'ai fait un rapport infidèle!

M. DUBRIAGE.
Je ne le vois que trop. Je demeure frappé.

MADAME ÉVRARD.
Rien ne paraît plus clair... Mais, ô ciel! quelle trame!

AMBROISE.
Affreuse! Allons, je vais renvoyer cette femme.

M. DUBRIAGE.
Non, non; je veux la voir, moi-même la chasser...

MADAME ÉVRARD.
Comment, vous?

M. DUBRIAGE.
Oui, je veux lui faire confesser...

MADAME ÉVRARD.
Vous ne la verrez pas, monsieur, c'est impossible;
Non, cela vous tuerait: vous êtes trop sensible;

Eh! j'ai moi-même ici peine à me contenir.
J'étais d'abord pour elle, il faut en convenir;
Mais cet horrible trait me révolte et m'indigne...
Et vous la verriez! Non. Que cette fourbe insigne
Sans retour disparaisse. Ambroise, avant la nuit,
Faites-la déloger sans scandale et sans bruit.

AMBROISE.

A l'instant, je m'en charge, et de la bonne sorte.

M. DUBRIAGE.

Ne la maltraitez pas.

MADAME ÉVRARD.

Il suffit qu'elle sorte.

AMBROISE.

Oui, Laure **va** sortir... tout à l'heure...

SCÈNE VI — CHARLE, M. DUBRIAGE, MADAME ÉVRARD, AMBROISE.

CHARLE.

Arrêtez :

Ne renvoyons personne.

MADAME ÉVRARD.

Eh quoi donc?

CHARLE.

Écoutez...

(A M. Dubriage.)

De madame je sais le fond de ce mystère :
Il faut que je me mêle un peu de cette affaire.

MADAME ÉVRARD.

Que veut dire ceci? Charle est-il contre nous?

CHARLE.

Si Charle avait lui-même à se plaindre de vous?

MADAME ÉVRARD.

Ah! je vois ce que c'est : Laure est jeune et gentille :
Charle l'aime; et dès lors il soutient cette fille.

AMBROISE.

Oui, sans doute; en deux mots, voilà tout le secret.

M. DUBRIAGE.

Non; Charle est honnête homme.

CHARLE.

(A madame Évrard.)
Ah ! je le suis. Au fait.

Répondez...

MADAME ÉVRARD.

De quel droit ?...

CHARLE.

Voulez-vous bien permettre ?...
Vous dites donc qu'Armand vient d'écrire une lettre ?

MADAME ÉVRARD.

Eh oui !

CHARLE.

J'en suis fâché pour vous, madame Evrard :
Mais cet Armand, qu'on fait écrire de Colmar,
Est ici, chez son oncle ; et c'est lui qui vous parle :
Je suis Armand.

MADAME ÉVRARD.

Ah ciel !

AMBROISE.

Se peut-il !...

M. DUBRIAGE.

Eh quoi ! Charle

Serait...

CHARLE.

Ils m'ont réduit à ce déguisement ;
Mais sous le nom de Charle enfin je suis Armand.

AMBROISE.

Allons donc !

CHARLE.

Un seul mot va leur fermer la bouche :
J'ai servi, mon cher oncle, et voici ma cartouche.
Par là jugez du reste. Auprès de vous ainsi
Ils m'ont, pendant dix ans, calomnié, noirci.
Mais de mon père, hélas ! cet extrait mortuaire,

(Présentant successivement à M. Dubriage toutes les pièces qu'il annonce.)

Mon extrait de baptême, et celui de ma mère,
Qui, mourant, de mon sort sur vous se reposa,

(Montrant madame Évrard.)

Et dix lettres... que sais-je ?.. où cette femme osa

Me défendre d'écrire et surtout de paraître ;
Tout parle en ma faveur, tout me fait reconnaître :
Tout vous dit que je suis Armand, votre neveu,
Le fils de votre sœur, votre sang.

M. DUBRIAGE.

Juste dieu !

Tu serais...

SCÈNE VII — GEORGE, CHARLE, M. DUBRIAGE, MADAME ÉVRARD, AMBROISE.

GEORGE.

Armand, oui : croyez mon témoignage ;
La vérité n'est qu'une et n'a qu'un seul langage ;
La vérité se peint dans mes simples discours...
    (Voyant arriver Laure.)
Ah ! madame, venez, venez à mon secours :
Armand est reconnu.

SCÈNE VIII — LAURE, GEORGE, AMBROISE, CHARLE, M. DUBRIAGE, MADAME ÉVRARD.

LAURE, se jetant aux pieds de son oncle.

Monsieur, faites-lui grâce ;
Qu'il reste auprès de vous, ou bien que l'on me chasse !

M. DUBRIAGE.

Non, non ; tous vos discours, et je le sens trop bien,
Partent du fond du cœur, et vont jusques au mien.
Ah ! je vous crois, amis : j'ai besoin de vous croire,
Et je perce à la fois plus d'une trame noire.
    (Se tournant vers madame Évrard et Ambroise.)
Vous se ntez bien qu'ici vous ne pouvez rester.

MADAME ÉVRARD.

Je n'en ai pas envie... Eh ! qui peut m'arrêter ?
J'ai voulu, j'en conviens, devenir votre épouse :
De les servir tous deux me croyez-vous jalouse ?
Allez, au fond du cœur vous me regretterez,
Et peut-être, avant peu, vous me rappellerez :
Il n'en sera plus temps. Adieu.
    (Elle sort avec Ambroise.)

SCÈNE IX — M. DUBRIAGE, CHARLE, LAURE, GEORGE.

GEORGE.

Les bons l'emportent.
C'est nous qui demeurons, et les voilà qui sortent.

M. DUBRIAGE.

Eh ! voilà donc les gens que j'ai crus si longtemps !
Ce sont eux qui m'ont fait bannir, pendant dix ans,
Un neveu plein pour moi de respect, de tendresse.
(A Armand.)
Me pardonneras-tu cette longue détresse ?

CHARLE.

Ah ! ne rappelons point tous mes chagrins passés :
Par cet instant de joie ils sont tous effacés.

M. DUBRIAGE.

Est-il vrai ?   LAURE.

Je le sens. Qu'aisément tout s'oublie,
Quand avec son cher oncle on se réconcilie !

M. DUBRIAGE.

De l'effort que j'ai fait je suis tout étonné.
(A Charle.)
Il faut que ta présence ici m'ait redonné
Un peu de l'énergie, oui, de ce caractère
Que j'avais autrefois : car, je ne puis le taire,
En m'isolant ainsi, je sens que j'ai perdu
Plus d'une jouissance et plus d'une vertu.
Trop juste châtiment ! Quiconque fut rebelle
Aux lois de la nature, en est puni par elle.

CHARLE.

Mais à propos, d'Arras cinq cousins sont venus.

M. DUBRIAGE.

Les Armands ? Eh ! pourquoi ne les ai-je pas vus ?

CHARLE.

Madame Evrard les a congédiés sur l'heure ;
Mais j'irai les chercher ; ils m'ont dit leur demeure.
Mon oncle, vous ferez un sort à chacun d'eux,
N'est-ce pas ?   M. DUBRIAGE.

Sûrement, mon ami : trop heureux

D'assister des parents restés dans la misère !
Ah ! cela vaut bien mieux que ce que j'allais faire !
Me mariant si tard, comme tant d'autres font,
Pour réparer un tort, j'en avais un second.
Cela ne sied qu'à vous, jeunes gens que vous êtes.
C'est toi, mon cher Armand, qui vas payer ma dette.

CHARLE.

Oui, mon oncle.

M. DUBRIAGE.

Plus d'oncle ; oui, je vous le défends :
Dites *mon père ;* moi, je dis bien *mes enfants.*

CHARLE.

Oui, mon père.

LAURE.

Mon père !

M. DUBRIAGE.

Allons donc ! Cette image
De la réalité console et dédommage.

LAURE ET CHARLE.

Mon père !

GEORGE.

Cher parrain !

M. DUBRIAGE.

Douce et touchante erreur !

(Soupirant.)

Si quelque chose manque encore à mon bonheur,
C'est ma faute : du moins mes regrets salutaires
Seront une leçon pour les célibataires.

FIN

www.ingramcontent.com/pod-product-compliance
Lightning Source LLC
Chambersburg PA
CBHW070131100426
42744CB00009B/1791